New 新視野184
window

已婚是種病？

為什麼老婆老是講不停，老公總是講不聽

馬度芸◎著

高寶書版集團

目錄
CONTENTS

3 婚姻，有時候會生病

4 愛的反覆練習

目錄
CONTENTS

序

已婚是種病？當書名這樣定下的時候，我被人問道「妳在胡扯什麼？鼓勵單身嗎？」，我當然不是這個意思，而是在多年從事諮商工作的經驗中發現，大多數人把「已婚」情境中的衝突與痛苦當成是一種病，甚至是一種不治之症，染上了就只能選擇快速擺脫或是過於消極的與之共處，怎麼沒有想到積極地尋求解決與醫治呢？

我們生病會看醫生，不會輕易擺爛；但婚姻生病了，你會想辦法救，還是輕言放棄？在有些夫妻的特殊景況中，離婚或許是個選項；但若是仍然有救，只是一直以來沒找到對的方法呢？

再也沒有一個世代像現在這樣，婚姻的維繫往往繫於一線之間，在自我與關係間矛盾、擺盪、忍耐、掙扎的伴侶愈來愈多，大多時候還真的覺得單身比較輕鬆自在，每一次痛楚都會提醒自己放棄，「我受不了啦！我要跟你離婚。」、「離就離，我沒差！」……像這樣的對話常常出現在夫妻間。

樂趣漸少而犧牲卻多，你還會繼續投資婚姻嗎？

這幾年來，發現尋求婚姻諮商協助的夫妻愈來愈多，特別是男性求助的比例逐漸提高，往往都已經是一方鐵了心提出離婚了，另一方才發現問題的嚴重性，長期溝通不良、僵化的個人信念彼此衝突，又或是曾經的婚姻創傷無法有效修復，把當初美好的戀情與婚姻關係摧殘到了一蹋糊塗的地步。

「諮商師，妳覺得我們還有沒有救？」這是我最常聽到的一句話，我通常會回答「只要雙方想救，就有救！」，若只有一方想救而另一方不抱希望，婚姻諮商也能協助雙方釐清誤會、了解彼此，進而在充分溝通下一起討論未來的抉擇。

這是一個寂寞卻也最需要關係連結的世代，各樣社群媒體交友網絡可以填滿一個人的精神生活，而現實工作上的忙碌又吃掉了許多的時間與心力，於是婚姻到底還剩下什麼？那維繫的一線是承諾，是子女，是面子，是懶惰，還是信仰？有沒有一些方法可以讓人覺察自己的婚姻其實只剩下命懸一線？能不能把這線加粗加牢，不受現實挑戰的摧殘？本書透過我與幾百對夫妻一起走過痛苦與挑戰的實際經驗，期待能讓你在其中找到共鳴、獲得啟發，進而找到屬於你自己婚姻的解藥！

＊本書文章純屬創作，即便部分內容取材自諮商中的感觸，為保護諮商來訪者的隱私權，也都變造了情節、性別、職業、年齡等項目，如有雷同，純屬巧合。

PART 1

婚後才說早知道？

都說幻滅之後才是真正認識的開始、婚姻是愛情的墳墓，的確是吧，婚姻是「虛幻愛情」的墳墓，卻是真實感情的開始。

婚姻是「虛幻愛情」的墳墓

這個下午，四個女人在咖啡店一來一往講得激動。畢業後十幾年仍然持續的下午茶聚會，老同學四人恰恰分別是單身、剛結婚、結婚三年，以及結婚七年的狀態。

新婚的那位雖然臉上仍掩不住光彩的笑著，卻開始了小抱怨老公的話題，說才剛結婚卻已「不能期待默契」了，戀愛時的心有靈犀，怎麼婚後都不見了？一語話畢，竟一時間沒人想要回應，大家覺得這帶甜味的抱怨太奢侈，不知道該叫她想開點，還是說結婚本來就是這麼回事，誰叫她這麼天真？怕傷了同學情誼，硬生生吞了些話回去。

安靜了幾秒鐘，已婚三年的那位才接著哀怨地說，不要求默契還算好，現在也「不能期待對方了解自己」了，果真結婚三年的和新婚的女子表露的心情就是不一樣，好像天真粉嫩少多了，隱隱地透出少婦的哀愁，似乎是有些失落外，也擔憂未來的標準要愈降愈低了，「別說是沒說出口的默契，就連婚前明明他早已知道的事，像是我不吃香菜，他都會忘記，果真是娶回來就不珍惜了。」她說著說著聲音愈來愈小。

結婚七年的更以過來人之姿說道，不但缺乏默契與心思，甚至「不能期待才剛剛講過的事會記得好嗎？」，比如她請老公下班去超市買空心菜一把、雞腿兩隻加上一瓶醬油，他總是會把雞腿買成雞胸，或是把空心菜買成小白菜；明明安排好今年過年全家要去日本玩，到了十二月機票飯店都訂好了，他卻說不記得有這回事！不過結婚七年的她看來最氣定神閒，精心為同學會打扮過的妝容及洋裝，讓人感受不出她的婚齡，似乎老公的「忘性」已經激不起她心中的波瀾，以老大姐的姿態勸告後輩們「還是顧好自己最重要！婚姻中不能太依賴另一半。」

接著四人妳一言我一語的爭相舉例說明另一半的「忘性」，話題到這裡漸漸熱絡，彷彿競賽般，在日常生活中最不滿意的部分講出來可以獲得最大迴響。但一群人講到此處，讓單身的那位急了起來，問大家，難道婚姻真的是愛情的墳墓嗎？

婚姻真的是愛情的墳墓嗎？這是身為諮商心理師，也偶爾會被問到的問題。每次被問到時，我總小心翼翼地不隨便給答案，因為必須了解他們雙方各自的期待及落差而定。

還記得有一陣子流行的娛樂節目是夫妻檔上節目進行默契大考驗，通常是兩人分別作答，可能會問妳老公最喜歡吃的一道菜是什麼？或是老婆最喜歡的顏色是什麼？難一點的會問當某種狀態下老公可能會怎麼反應，或是問老婆生氣時怎樣可以安慰哄住她？

這樣的默契大考驗是假設「你的伴侶是最了解你的」，而這個假設卻在這世代正逐漸崩解中，「人在心不在」很難再作為指控對方的工具，因為即便兩人一起在外用餐或是待在客廳也是一人一機，眼盯螢幕，或大或小罷了。心，早不在對方身上了。此時，最了解你的恐怕是Google、臉書、購物平台或是支付寶，他們可是對你每一個眼神的閃爍或是微微慾望的牽動都瞭若指掌呢！更別說興趣、喜好和基本反應的推估了。

這是一個「被覺察」取代了「自我覺察」的年代，每個人忙著被告知新訊息以及朋友的新動向，還有以照片圖像展現、記錄自己的當下，滑來滑去的時間已經占滿所有心裡放空的空間，所以很少發呆，很少思考，很少覺察，因為在停下來的一瞬間又已經錯過太多訊息，只能不斷的忙著看著追著，好像在滾輪上跑個不停的白老鼠，沒有空想為何而跑。我想，這才是愛情的墳墓。

為何網路會比活生生的伴侶坐在旁邊還吸引人？因為它了解你，它透過所有你的行為分析檢驗眼球暫留的秒數，解剖你的心思，提供你最想要的……廣告，儘管不見得是你最需要的，但被這樣一個虛幻的默契與深刻理解的感覺包圍，還是很迷人；當一切心理學統計與人性脆弱的大數據知識，用來設計更使人上癮的遊戲或是促銷行動時，誰抵擋得了呢？

回到婚姻真的是愛情的墳墓嗎？你覺得呢？我一直認為這是一個被簡化了的題目，**婚姻是「虛幻愛情」的墳墓，卻才是真實愛情的開始**。若是心目中的愛情是如韓劇男主角般的有默契、夠了解、極體貼，永遠有時間為了妳的笑容放下工作與現實，那麼注定只有在熱戀期能找到類似的感覺，婚後對方不是變了，而是戀愛時的表現原本就是一時情迷，是腎上腺素和睪固酮爆發的結果。

聽來好像有點悲觀對嗎？其實是愛情小說、戲劇或是遊戲將現實美化得太過夢幻，真實狀況是，另一半不會永遠不變，婚姻就是兩個人都在動態調整中互相協調、取得平衡，並且彼此還在意與關心。

請記得，**永遠不會有一個長久符合你期待的伴侶。想要在婚姻中持續美好的愛情，應該從真實開始**，而不是將眼光放在不經營就會自然存在的體貼和默契；應該以「自我覺察」開始，了解彼此對婚姻與愛情的期待及落差，而不是只求「被覺察」。

我要向消基會投訴你：廣告不實！

「我要向消基會投訴你廣告不實！當初談戀愛的時候，甚至在你開導一對夫妻朋友的時候，你是那麼的有同理心，那麼了解女人的心思，那麼看得到對方的優點與付出，怎麼結了婚好像變了一個人？完全像是美麗的包裝與標示下，內容物卻偷工減料並且腐爛。」她一口氣昂揚地說完後，頓時洩了氣般垂坐在沙發上。

這是我聽過最有創意的罵人句法，其實也是這對夫妻間最深刻而隱晦說不出的怨，因為除了配偶外，身邊朋友沒有人相信這位老公其實在家是這樣的人。

原來，被老婆恨得牙癢癢、被批評得體無完膚的老公，平時在外總是上緊發條，彷彿總是站在舞台上完美演出，無論是對長輩、晚輩、朋友總是體貼入微、為人設想；無奈結婚後，他與老婆相處卻毫無修飾地展現出最自我的一面，忽略老婆的感受，即使對話也無法進入對方的情境。

像昨天，他們的對話是這樣的：

「過年連續幾天假期都陪你應付長輩、長官、朋友，好累喔，都沒休息，我們兩人都沒有時間好好相處一下。」老婆無奈的抱怨著，還隱含著一些撒嬌的意味。

「喔，今天下午我想帶兩個孩子去放鞭炮，順便增進父子感情，孩子大了難得有機會對話，這幾天妳太累就不要去好了！」老公自以為體貼。

你可以想像老婆的心情嗎？累積的抱怨不但沒被聽到，老公反而正計劃著著下一個不含她在內的行程，她在他的世界中找不到重要性，老公已將難得的休假時間花在所有其他親人身上，現在輪到兒子，還是沒有排到她，甚至連她的抱怨都沒有真正被理解，這是一場吵架的序幕。

老公也很委屈，喊累就讓老婆在家休息啊，為什麼好心還被雷劈？而且老婆說話用的否定句、疑問句讓人不容易消化理解，好比說「兩人都沒有時間好好相處一下」就很難理解，搞不清楚她要表達的重點是「累」還是「兩人」，或是「時間」還是「相處」，整句話聽起來像一團漿糊。老公覺得在家裡說話還要拐彎抹角，思前想後對方說話背後的含意，真的很累，為什麼她想跟我出去玩不直接說「我們今天下午兩個人出去走一走」？

於是，老婆見到老公對別人跟對自己的落差，確實苦悶失望，不能接受，覺得自己總被忽略；而老公覺得平時做人已經很累，跟老婆的相處總應該可以放鬆一點吧！何必終日上緊發條？夫妻相處時間長，偶爾沉溺在自己的世界，沒有考慮到對方的情況應該也可以互相體諒吧！

這樣的場景發生在他們的婚姻生活中，已成了固定背景，兩人都覺得在消耗感情。老婆對婚姻的付出是值得肯定的，期待也是可以理解的，但是婚姻中兩人總是展現最自然也最自我的一面，換了任何一個伴侶都是一樣，標準本來就應該降低，不可能期待對方像對待外人一樣相敬如賓、以客為尊。

至於老公嘛，平時上緊發條，在家卻完全處於電腦當機狀態似也不妥，**只要是有人的地方，就需要考慮人際，婚姻亦然**，不能無視於眼前人的存在而只在乎自己的思考脈絡。雖然不用上緊發條，但也不能只考慮自己！

其實，這對夫妻感受到的消耗感，代表婚姻還有救，代表兩人仍願意在不舒服的情況下再試試看，是可以靠著說出內心話的溝通達成共識的。建議夫妻相處時間減少一點，也就是如果老公需要多些完全放鬆的時間，那就重質不重量，在固定的特別時刻裡，學著對老婆更加體貼；而老婆也需要多保留給自我的時間，並放下標準，不能期待老公在家都能時時注意與她的相處。

至於廣告不實，就算了吧！找誰投訴呢？這種無法證明的東西，在今日這個講究包裝行銷的時代，內容物不會與包裝相等，菜單上一道道讓人垂涎的菜色上了桌一定是小一號，這是不可爭的事實。已經進入婚姻的人，得從桌上那一盤開始努力，而非依依不捨的懷念菜單上那不存在的事實。

林來瘋的啟示

文琪和記詮這對兩年來吵得不可開交的新婚夫妻，好不容易能一起坐在我面前，擺明看朋友面子給我一次機會，說好只聊一次，兩位事業有成的忙碌主管看得出都對今天不抱太大希望，但多虧當天早上的林書豪賽事轉播打開了話題，其實，夫妻倆目前的共同話題也只剩林書豪了。

記詮覺得他做了許多好事，不明白文琪怎麼總要挑他毛病，感覺自己一直都沒得到肯定。「難道我送首飾，請吃大餐，陪妳媽打牌，幫忙洗碗都是假的嗎？」他氣憤地大喊。

文琪覺得她在意的就那幾件事，不明白他為何總是從不介意，認為他根本就不愛她。「難道秘書、老闆、同事、朋友每一個都比我重要嗎？不管下班時間我們在做什麼，一接到電話就要我等，而且還不是一兩分鐘交待事情，是中斷了我們的聊天去跟別人聊了起來？不管我當時正傷心、正開心、正講到一半都會打斷我，在你心中我根本不重要！」喊著喊著文琪哭了出來。

記詮覺得自己已經是模範老公，拒絕任何批評指教，只認為自己被冤枉、被誤會、被挑剔，而且老婆為接電話這點小事就抓狂不可理喻；文琪覺得兩人相處時間已經不長，自己還總比不上任何一位透過電話找老公的人，老公偶爾累積做的「好事」，往往抵不上一次又一次的「先回應別人」，一再被排序在後面的感覺已讓她到引爆點。

兩人誰有道理，當然不是我需要評論的，每人的想法與感受背後都有一連串歷史與價值觀的累積，無須質疑。那麼怎麼辦呢？林書豪當時所屬的尼克隊給了我一個靈感。尼克隊靠著「林來瘋」聲名大噪，突然球迷都回來了，但是七連勝後又是一連串輸球，大家看得出這段時期他們攻擊不弱，可是防守鬆散，總是門戶大開，讓對方豪爽飆分，不管主場球迷如何大聲吶喊「Defense!」，總是看不到積極防守。

其實，積極攻擊與消極防守，是許多人的慣性。攻擊會得分，是發揮腎上腺素的一刹時間，被肯定、被注目、有成就感，想像中光芒萬丈眾人鼓掌叫好；但防守沒什麼勁兒，是長時間繃緊地一種消耗，往往最多只能造成對方的失誤、失準，預防對方得分，比較像是周而復始的工作，是盡職的配角而非舞台中央的主角，所以當球員心理素質不夠就會忽略，一般人也是一樣。

「是啊！尼克隊好可惜，防守太弱。」記詮這麼嘆息著。我也順著他的話以籃球來比喻他們夫妻的關係，他對老婆大方、幫忙做家事，又孝順丈母娘真是不容易，就好比一支很會得分的籃球隊伍，高得分不容抹煞；但是夫妻之間只做好事是不夠的，對於對方在意的失分事件也須繃緊，要不然就好比防守門戶大開，讓自己的球隊處於危險之境，你辛苦花時間花錢累積的一分、兩分，只因防守鬆散可能會讓對方輕易進兩個三分球，比數一下子拉開，真的很可惜啊。

當然，文琪也需用心計算老公每一分、兩分，甚至罰球所慢慢累積的分數，計分板上更不能總是看著失分，忘了得分，主觀上覺得老公這場球打得很爛，而忽略另一半在球場上的努力付出；而且，關於替另一半打分數這件事，加分一定要站在對方的立場，他做的好事要站在他的立場想這有多難得，就好比接受禮物一定是看到對方送禮的心意，而非把自己的好惡先擺在前面而嫌棄禮物。

而對另一半覺得受傷的事情，也得按對方的標準盡量避免，這跟吃辣一樣，每個人接受的辣度不同，無所謂合理不合理，投其所好才是合理。

這樣懂了嗎？婚姻如球賽，得分失分都得看重，如若能攻守並重，才是一場好球。

幸福，不會被困在「早知道」

錯過的總是最美，小敏在跟老公吵架後的晚上想起了兩任前男友，拜臉書之賜，竟然在深夜裡讓她找到了那兩個名字，並且得以一窺他們的近況，在搜尋的過程中還暗暗幻想，做了他們仍在等她的美夢。

其中一個前男友，是小敏提分手的。雖然他們彼此相愛，但年輕的他們只是為了女生剪短髮或是男生不買冰淇淋就可以大吵一架，最後實在敵不過遠距離和無承諾，特別是他誠實地說其實他也沒辦法保證一輩子只愛一個女人。

後來他娶了一個相親認識的女人，過著平穩的生活，他很低調，臉書未公開，所以資訊不多，只知道他們為了懷孕生子吃了不少苦頭。

「能夠冒風險選擇他的女人一定比我更愛他吧！」小敏心想。他們過了這麼多年依然在一起，想必是打破了無法承諾的魔咒；而為了有下一代所吃的苦，恐怕除了愛情之外還更增加了恩情。

另一個前男友則是男方主動說分手的，且是他劈腿被發現後才對小敏坦白，他現在的老婆就是跟小敏交往時劈腿的對象。當年，這位前男友剛離婚，有兩個年幼的女兒，約會時常常遲到，大女兒拉肚子、小女兒鬧脾氣，或是和女兒的外公外婆吃過飯才匆匆趕到，不管是哪一種理由，都讓小敏氣到肚子不餓了，當時的她沒有足夠的母愛來包容這一切，她使著性子發脾氣，而他則默默發展了另一段感情。

後來想想，她輸得甘願，人家能夠補位母親角色，且堅持在兩個小女孩成年前都不生養自己親生的孩子，全心付出愛，不爭不求無限體貼，這是小敏做不到的。看著他們一家幸福的出遊照片，小敏悵然之餘，也突然有了新的體悟。

那就是，幸福是一種決定。

這世間除了恐怖情人和極端人渣外，夫妻恐怕都是老天爺一對一配好的，你能承受多少，老天就量身訂做配給你多少，所有看來美好的幸福都是努力堅持賺來的，是需要付出代價的，你付不出這樣的代價就不必羨慕，既然決定了，就要好好珍惜眼前的幸福。

小敏想通了，氣也消了，這十分鐘的臉書之旅沒讓她有一絲繼續幻想的機會，反倒是回到現實，想想老公其實對自己也不錯，他們兩人相愛無誤，至於生活中的小缺點和小堅持，就算了吧！畢竟是自己的選擇。

十分鐘後，小敏闔上筆電，悄悄鑽進被窩，躺在老公的旁邊，伸手輕輕碰了碰他，一直也沒入眠的老公也伸過手來握了她一下，小敏頓時覺得，我還是很幸福的。

其實，做選擇本來就不容易，是一生都要面對的功課。

還記得有一次，我到一家知名卻遙遠的餐廳附近開會，喜愛美食的我當然得把握機會嚐鮮，原本想吃麻油雞，只是老闆推薦的佛跳牆看來也不錯，讓我在魚與熊掌之間好生難選，最後的選擇是考量到我整個星期都想吃麻油雞，那麼就不要辜負自己的期待好了。

麻油雞上桌，果然香噴噴味道十足，只是左看右看怎麼每桌都點佛跳牆呢？耳邊聽到老闆跟其他顧客聊著他們家的佛跳牆是大廚不藏私、不計成本的傑作，很多客人遠道而來就要這一味，而且別處根本吃不到單人份的佛跳牆。我愈聽愈心癢，後悔極了，但再叫一份是絕對吃不下的，下次來開會又不知何年何月，想著想著，麻油雞的的鮮甜在我嘴裡漸漸化為苦澀……。

其實也許那家店只賣麻油雞我也會滿足的吃著，但誰叫我有了看似更好的選擇，而又沒有選擇去得到呢？第一時間沒選跟自己期待不同但可能更好的選擇是為什麼？保守？怕風險？不習慣改變？還是一種在控制中的安全感？「擇其所愛，愛其所選」談何容易，大多時候我們總是懊惱，導致沒辦法享受自己的選擇，儘管也不賴。

下面這些感嘆嫁錯郎的對話，你一定不陌生：

「隔壁老王多顧家啊！每天上午買菜下午做菜，王太太只要等著吃就好了。」

可是，妳忘了老王三年前就失業了。

「我同學的老公喬治多好啊！事業有成，住大別墅，同學每次都一身華服跟我們見面。」

但是，妳不知道喬治的十年外遇醜聞讓他老婆無比心碎嗎？

「好吧，那麗華的老公你總沒話說了吧！忠心顧家，有才華又不花心。」

這倒是，但是，他其貌不揚耶！妳當初會選這樣的人嗎？

在重大選擇時，我們可能因為各種原因捨棄了心目中最理想的，選擇了身邊垂手可得的，或是根本是帶著遺憾走完一生，讓心之所想成為老爺爺、老奶奶此生未竟之夢想。因為明明有機會卻沒去試，看著身邊的老伴就愈看愈沒趣，相看兩相厭，甚至心中打從潛意識裡怪他，都是因為你，要不然現在我早就跟夢中情人在一起了。老伴真無辜，就跟那滋味很好的麻油雞一樣無辜，明明是你當時自己的選擇啊。

所有的「早知道」都可以歸類為這種選擇上的障礙，早知道我就不會任用這個員工，早知道我就不選這家公司，早知道我就不嫁給他，早知道我就點另一道菜了！有這麼多早知道，當時為何沒做另一選擇？

因為當時資訊不足以判斷，於是做了自己以為最好的決定。

因為當時雖然覺得另個選擇更深得我心，卻自信不夠或是怕失敗，沒勇氣換。

因為自己被動地被選擇，沒有多想一時衝動就定下終生。

因為順應他人意見。

但不管如何，決定都是妳自己的選擇，快樂也是。幸福的婚姻，是不會被困在「早知道」裡面的。

諮商師跟你說

婚前擇偶：同理心溫度計

很多人常在婚後說：「早知道選擇跟初戀男友在一起，他那麼疼我，現在可能過得比較快樂。」、「早知道找一個比較會持家的女子，現在就不用抱怨為什麼老婆煮菜那麼難吃。」……。

其實，婚姻是沒有所謂早知道的，當你做了決定，就必須付出相應的代價。但如果我有女兒，一定早早教她選擇伴侶，什麼條件都是其次，最重要的是有沒有同理心。

究竟對方能是否值得你攜手走向未來，下列的1至10分，就像是溫度計一樣，或許能給你一些評價的標準。

【同理心溫度計】

10	9	8	7	6	5	4	3	2	1
極品，非常有同理且體貼，但多半是花花公子。	原本不懂，但是單純、個性好、可以塑造，也願意互相磨合。			有時願意改，有時不願意，同理心與自私並重的擺盪。		在忍耐邊緣或是因為現實條件而妥協的婚姻或是關係。			一點同理心都沒有，自私、自我，甚至傷害你他也沒感覺。

讓我說明一下這個溫度計怎麼看：

★只有偶像劇的主角才會是10分：不要說遇不到了，就算遇到還要不花心、或不被拐騙的機率很小。

★鼓勵大家要選7～9分區間的伴侶：同理心是最不好學的，溝通或是家事技巧甚至工作成就都可能改善，但一個人沒有同理心，他就感受不到你的痛苦，就覺沒必要改變，作為他的伴侶，未來要吃的苦頭還很多。

★5～6分的伴侶要看人選：就要看你的功力啦！且最好是他有其他很吸引你的地方，你也要有相當程度的情緒堅強和心理不依賴。

★若是你的對象是2～4分：得小心你的自信和人身安全，除非你非常清楚自己有其他的好處或是目的才留下（很多時候是媽媽為了孩子勉強留下），鼓勵妳多方評估不要堅持，且要懂得保護自己。

★千萬別選擇1分的伴侶：快離開！別猶豫，他條件再好也不值得你留下來！對兩人來說都只有害處沒有好處，別想用愛感化他，那是牧師的工作，不是伴侶的工作。

婚後的相愛，別敗給相處

他，喜歡享受在自己展現聰明與知識之後，別人投以的崇拜眼光。她，喜歡沉浸在被了解、被接納、被聆聽的親密關係中。

一開始，他聆聽她，她崇拜他，一切都美好得不得了，彼此都認為找到了真愛。

但是，婚後日子久了，當她敘述自己參加同學會的喜悲心情時，他卻急著表現他對於他認識的其中一位同學職業的了解；當她敞開心門分享為人母的脆弱感受，需要被了解、被接納、被聆聽時，他急著抓到了一個關鍵字便努力搜尋自己腦中的知識，以便展現自己對於帶小孩的支持……，就這樣，他以為可以跟過去一樣得到她的崇拜的，沒想到她卻不高興了，他也挫敗了。

他們彼此相愛，但是卻不知道該怎麼相處了。

很多人都說相愛容易相處難，這句話的確很適合用來形容新婚夫妻，尤其是新婚兩年內的夫妻，因為兩個來自不同家庭的人結婚後共同生活在一起，原本就需要時間來調適夫與妻的角色，如果沒多久之後再加入一個孩子，除了要調適夫與妻的角色之外，還有父與母的角色，因此壓縮了夫妻角色的適應過程。

夫妻與情侶畢竟是不同的，不再只在約會或一起從事某項活動的時候才相處，婚後住在一起，共享一切的權利義務，日常中就會出現許多需要調適的事，例如：妳睡覺的時間是十點、他是凌晨兩點；一個喜歡吃清淡的食物，一個喜歡重口味（約會時可遷就對方，或是在餐廳各點各的餐點）；經濟的預算也要開始考慮，其中一人認為要刻苦生活存錢買房，另一個覺得只要租屋即可，還是吃大餐、買精品比較重要……，此時容易因為一點小事就演變成不舒服、不開心，覺得生活被限制、綁手綁腳的，容易覺得對方不夠體貼、難相處。

婚後的相愛，先認清這幾點吧！

嘿，婚姻不是教育事業

「我知道妳未來的夢想是到歐洲留學，但難道結婚後，妳是我老婆了，不能為了我和我們的家庭打消這個念頭嗎？」

「你喜歡打電動沒關係，為什麼婚後還是玩得很兇？結婚後的我們和生活裡的互動都不比電動更有趣嗎？」

很多人認為結婚以後對方會為了自己而改變，而且這個期待很大，上述對話就是這樣的狀況。但以改變對方為前提的婚姻是衝突的來源，如果抱持「結婚後他就會改了」這樣的信念與對方結婚，婚姻的基礎是不穩固的，因為**婚姻並不是教育事業，不要以為自己可以教化、教育對方變成自己期待的人。**

在關係與家庭裡，沒有「公平」的付出

「我已經辛苦煮晚餐了，叫你洗個碗卻拖拖拉拉！」

「我已經為了陪妳減少與哥兒們聚會的時間，妳為什麼還不滿意？」

這類例子，通常是覺得自己對婚姻付出較多，因此對對方心生不滿，最後演變成限制對方的行為或是不斷的抱怨。但感情付出不是用來計量與衡量的，與其計較與求回報，不如在互相包容中觀看彼此「獲得」了什麼。

婚姻不能比較

「我同事的老公都會到辦公室來接她下班，為什麼你做不到。」

「朋友的老婆根本不會設晚上門禁時間，妳卻在我應酬時不斷的LINE，催我回家，真的很煩。」

「比較」是容易讓夫妻心生不滿的另一個源頭，尤其人事時地各種條件都不

相同，與其望向「別人」，不如先看著「你們」。

多一點「我可以」，少一點「你應該」

「欸，都住在一起好幾個月了，你不是應該記得每晚都要倒垃圾嗎？又忘記！」

「妳幹嘛不煮飯啊，外面便當的菜色都一樣，完全沒胃口！」

在面對對方的難題或是弱點時，夫妻間可以多想想自己能幫上什麼忙，而非一味要求對方改善。坊間有些書建議：在婚姻一開始就要嚴格訂定規則並遵守，否則生活過久了就很難再要求對方了。這觀念一半對、一半不對，對的是確實該提早讓對方知道自己在意什麼、期待什麼，但應提前至交往期間便盡量開誠布公，絕對不是婚前只顧浪漫約會，卻遮掩了許多現實面的衝突與不和，想留到結婚木已成舟再來面對，是大大不對的。結婚後，表示兩人的價值觀相差不遠、生活習慣還能配合，雖然會有更多生活上的磨合，但此時須以合作的眼光來看待自己的伴侶，補足對方的弱點，絕對比要求對方應該要改善諸多事項要有「愛」得多。

新婚夫妻是否都有所謂的婚姻磨合期？答案是肯定的，而且磨合的長短因人而異。但我們更該理解的是，**健康的婚姻關係一生都在磨合**，且關係的磨合與美滿的性生活一樣都需要理解對方的需求、照顧自己的需求以及帶有善意的溝通。即便自己有很多很棒的原則、理想，也要抱持著變動和彈性的可能。

建議所有的夫妻，首先，最好每天都有好好說話、溝通的時間，即便是十分鐘也好，這樣可以讓彼此的情緒、感覺有交流，切記不可以邊滑手機或邊看電視做溝通，這樣就失去好好對話的真義。

其次，每天都要愛的擁抱，擁抱是人類出生以來的原始需求，長大後此需求不會改變，這不僅是夫妻間親密關係的表現（不要以為只有性關係才是親密關係），也能讓彼此放鬆、再喚起安全感。

第三，在磨合的過程中不要太早放棄，別認為忍耐壓抑自己就可以避免衝突，這就像火山爆發的原理一樣，就算將原本的火山口堵住了，火熱的岩漿也會在山底下竄流並找到另一個地方爆發。

最後，偶爾為對方冒個險吧！很多人將夫妻離婚的原因歸咎於個性不合、興趣不合，其實這種說法是不成立的，因為不同的個性與興趣如果能有好的磨合方式，反而是感情的催化劑。例如，從來不吃路邊攤的你，找一天刻意陪喜歡小吃的對方吃路邊攤；或是不喜歡逛街的他，能找一天帶著冒險的心情陪另一半好好去探索逛街的樂趣。為對方冒險的定義不是犧牲自己、不是勉強自己做自己不愛做的事，而是帶著冒險的心態陪對方做他喜歡的事，去看看自己不認識的世界，像是看不同類型的電影，陪另一半看運動賽事等等，在這過程中，兩個人的世界會變得更寬廣精彩。

PART 2

婚姻裡，多是看似一件小事

真實婚姻的日常，它不一定大起大落、大風大浪，更多的是日常的磨合、各種小事和狀況題的總合，而且，沒有使用說明書。

全人類最棘手的問題？讓另一半「願意」做家事

「全世界最困難的問題是什麼？有些人也許會把氣候變遷、貧窮或恐怖主義列在最前面。有人可能覺得是犯罪、種族主義或消費主義。不過在許多人家裡，也許會覺得做家事是人類最棘手的問題。」這段話出自暢銷書作家卡爾・歐諾黑（Carl Honore）的文章，也道盡了做家事可不是一件小事，要如何讓伴侶願意做家事更是一件大事。

而且，當夫妻同住在一起，直接面對生活上最重要的就是「家事」，在諮商室裡，經常也看到為此爭執而不快的伴侶，通常這樣的夫妻一起來做婚姻諮商，根據雙方的說法，表面上是兩人為了家事分工問題常有衝突，老婆覺得老公不做家事是不在乎她、不愛她、不願意分擔家務、不願意為家付出；老公則認為做家事常被挑剔，很挫折、壓力也很大，感覺老婆只不斷地要求他並不愛他。其實核心的問題是兩人因為家事雙雙感到不被愛，對關係的損傷很大，所以做家事雖是小事，但小事不做久了就會變大事。為了不讓小事累積久了變成無法彌補的憾事，建議每天投資一點心力在做家事上，就可以讓夫妻兩人的關係更加緊密，日後就不需花費更多的時間和精力來修補感情了。

不過，到底為什麼另一半不願意一起做家事？以下三種狀況可能可以解答這個問題，有的人可能是其中一種狀況，也有的人是三種狀況都上身：

狀況一：懶了、累了、耍賴

人都有趨吉避凶的天性，不喜歡做的事如果有人可以幫忙做，這時就會顯現出能不做就不做的態度，尤其是下班後累了，也懶了，這時如果有其中一方將家事攬在身上自己做，另一方當然樂得輕鬆，在一旁喝茶看報紙等吃晚餐。

狀況二：根深柢固的觀念認為家事是女性的責任

有許多人在原生家庭中就已被培養出「家事是女人的責任」這個根深柢固的觀念，這些人在成長過程中沒有做家事的經驗，反正吃完飯，媽媽或姊妹會去洗碗，髒衣服丟在洗衣籃自然會有人把衣服洗好、晾曬、摺好，床單、枕巾、被單隔一陣子就會換新，從小到大沒有人會叫他做家事，他也看不到做家事的過程，長時間看不到、摸不到的狀況之下，等到自己組成家庭就會自然而然認為家事不是我的事。

狀況三：不擅長做家事

不擅長做家事是最容易被忽略的一個狀況，沒有人是天生做家事的能手，這需要時間的鍛鍊來精進技巧及能力，尤其男性總是好面子的，做他擅長的事可以得到成就感，做他不擅長的事容易有挫折感。當老公不擅長做家事，且在做家事的歷程中經常擁有深深的挫折感，比如常被老婆唸這個沒做好、那個做錯了，這時他為了避免出現挫折感就愈不想做家事、想要逃離做家事，惡性循環之下就離家事愈來愈遠了。這個狀況最易被忽略，但也最容易改善。

其實，男性做家事可說是好處多多，顯而易見的第一個好處就是分擔老婆的負擔，因為一個人將家事全攬在身上，負擔非常重，這時有人來分工就可讓單獨負責家事的人大大鬆一口氣。對很多老婆來說，老公幫忙分擔做家事也是用行動對她表達「愛的語言」，夫妻間的愛的語言有很多種，包括：說好聽的話、親密時刻、幫她做事等，如果老婆最想要的愛的語言是幫她做家事，這時老公如果針對老婆的需求做了很多家事，那麼老公表達愛的語言的效果會非常好。

夫妻之間關係緊密的要素之一，就是需要有共同合作完成的事情，一起做家事就是其一，因為夫妻兩個人平常工作的地點、內容不同，又來自不同生活領域的家庭，剛好藉由分工做家事共同投入、得到共同的成就感，像是一個人掃地，另一個人拖地，或是一個人煮菜，另一個人洗碗。

當兩個人一起付出、投入某件事，感情會更加親密，尤其老公若能趁著做家事的機會了解老婆平時做家事的辛勞，並將體會到老婆的辛苦說出來給老婆聽，例如：我現在才知道掃地拖地要花一個多小時，我現在才知道衣服沒有分類洗會有多麼嚴重的後果，這樣的訴說對於老婆日常的辛苦也是一種肯定。還有一個好處是，當人經過了一天消耗腦力的工作之後，可以利用做家事來轉換工作的煩擾，體力的勞動是可以讓腦部暫時得到休息的。

《男性的聲音：做丈夫的如何看他的婚姻、妻子、性生活、家務事和承諾》作者崔西克（Neil Chethik）更曾說：「家中勞動力的分配，對於一樁婚姻的健康程度是個重要指標。」，崔西克訪問過三百位已婚男性，發現那些對於家務分配感到滿意的夫妻們每個月的行房次數要多出一次；如果老婆因家事分配不公而很不快樂，老公很有可能會因此而認真考慮離婚，事實上，這些老公外遇的機會也高出兩倍。因此崔西克認為，家事的分配可以為婚姻品質帶來大幅改善，而且這是夫妻雙方可以控制的情況，只要做一點小努力就會帶來大影響。

至於夫妻之間該如何更愉悅舒服地共同分擔家務，有幾個方向可以著手：

首先，夫妻雙方先一起討論家務事有哪些，一個方式是老婆先提出她最不喜歡做的家事，老公就接手。舉凡刷馬桶、刷洗廚房、擦地板、倒垃圾、換被單床單等等，每個家庭都不太一樣，老公幫忙分擔老婆最不喜歡做的家事，這會讓老婆心情不錯，也許老公做的家事並不多、時間也不太長，就家務分擔的公平性來說並不公平，但因為做了老婆最討厭做的家事，一件抵十件，會讓老婆覺得很舒心。

另一個方式是從老公最容易上手的家事做起，比如洗碗、倒垃圾、用吸塵器吸地板。讓老公選擇他擅長的家事開始做，他做家事的成功率高、被挑剔的機會降低，這會增進老公做家事的成就感，有了成就感就會增加做家事的意願，之後再慢慢調整兩人之間分工的分量或是增加老公做家事的種類。

再來，**讓老公主動做家事的秘訣無他，就是讚美代替挑剔**，要循序漸進地鼓勵他進入做家事的世界，讓他覺得做家事是增進夫妻間緊密關係的好方法。所以老婆可以在家事執行過程設定各個階段的小目標，小目標一一累積之後就能達成大目標。以洗碗為例，老公雖不擅長洗碗但還算想做，這時老婆可以先讓他洗不需要使用到洗潔精的碗盤，這種碗盤很容易清洗，老公洗完後給個愛的鼓勵或抱抱，下一次就教他如何使用洗潔精洗碗盤，再下一次進階到用棕刷刷炒菜鍋。整個過程中老婆切記不要挑剔，不要拘泥做得好不好，要了解沒有人可以一次就把事情做得很完美，讓老公漸進式進展的重點是要確保老公以後都願意主動做洗碗這件事，且每次老公做完家事一定要給確實的鼓勵，像是：你幫了我好大的忙、我有感受到你的付出、多虧了你的幫忙讓我比較輕鬆。之後再找幾項老公有潛力可以做得好的家事，例如倒垃圾、掃地、拖地等等，用同樣的方式引導，當老公做得上手之後就會主動幫忙了。

還有一個秘訣是老婆們需謹記的，就是**「願意做比做得好重要」**，因為願意做家事表示他有意願為婚姻做出努力，老婆要看重老公為家庭的付出，做得不好要幫助他進步，做得好則要給予大量的肯定；老公方面則不要得失心太重，慢慢學會做家事的技巧即可。

崔西克在書中寫道：男性和女性都需要好好修習「家務事」這門課，能夠解決這類問題的夫妻們通常比較幸福。**答案不在於要求老公更常洗碗或洗衣，而是准許他做家事，但不限制他怎麼做，也不去批評他做的方式跟你不一樣。**

如果希望男性貢獻心力，女性也必須退讓一步，讓老公有參與其中機會，並以他們自己的方式做事，而不被時時監督或飽受批評。聽起來非常簡單，卻是前進的一大步。

諮商師跟你說

五個口訣，讓老公更願意做家事

其實，燒燙傷的口訣（沖脫泡蓋送）也可以套用在做家事上：

沖：不要怒氣沖沖的叫老公做。

拖：不要硬拖著老公做。

泡：讓老公不知不覺泡在做家事的環境中。

概：老公做家事大概做好即可，不要要求太完美。

送：做完家事後要送給老公具體讚美。

已經八點五分了

「諮商師妳聽聽看，哪有人因為一個語助詞找碴的，這樣日子要怎麼過啊！早上我順道開車送她，她問幾點了，我說『已經八點五分了』，她就針對我為何要在這句話後加一個『了』字跟我過不去，妳說，這是不是她的問題？」

乍聽之下好像冠廷說得有理，大家都在趕上班，為了一個語助詞就要吵架確實誇張，但長年處理夫妻關係問題的我當然不會輕易落入判斷的陷阱，繼續問他老婆，是什麼事讓她這麼生氣？

「我血壓偏低，早晨起床不容易一下子就清醒，為了老公前一天說希望第二天早點出發，已經在壓力下拚命趕快，在連上廁所都沒足夠時間完成的情況下，勉力達成了老公的期待，八點出門，喔不，還提前了兩分鐘。」

雯惠開始陳述事情的始末，原來，她本以為自己的犧牲努力配合會換來老公的肯定，讓「準時出門沒耽誤到老公」成為她今早第一次執行成功的事；但沒想到，冠廷在回答時間問題時刻意強調了已經八點五分「了」，表示時間已經晚了，好像她拚命努力的成果還是沒讓老公滿意，這個挫敗讓她心情大受影響。

看似一件小事對吧？但了解一下他們夫妻兩人的背景，會發現冠廷的原生家庭中父母都採取較為自由放任式的管教方式，爸媽沒事不會來盯你、關注你，但是家中的既定計畫孩子們也只有配合的分，所以他自小就學會要提高音量誇大需求，這樣比較容易爭取到配合或是重視，這一次的「八點五分了」事件，便是他再次強調時間很趕的方式，預防老婆再提出其他會耽誤到時間的要求，比如說到便利商店買咖啡等等，原本只是站在維護自己權益的立場多強調一次，怎麼也沒想到老婆會有挫敗的感受。

雯惠則是生長在一個媽媽很容易焦慮，而爸爸嚴格要求孩子的家庭，所以也養成了焦慮、配合、隨時在意是否獲得肯定的性格。因此當天早上她已經在很不舒服的狀況下勉強自己按照老公的節奏準備上班，廁所也省了、化妝也簡化了，有些狼狽地配合著，原本以為自己做得不錯，可以完成一個準時出門的任務，沒想到冠廷的語氣卻讓她覺得一切犧牲都白費了，她再怎麼努力還是讓老公覺得遲了，且她已經盡力卻還是達不到別人期待的陰影又再次浮現，這觸及了她內心深處最無奈、最脆弱的那一塊。

這樣類似的情況也出現在另一對夫妻身上，兩人都累得像狗一樣的下班時分。

「今天累死了但晚上還得再加班趕一份報告。」琦琦才這樣說著，老公阿傑馬上口沫橫飛地提起今天職場中發生的不愉快事件，希望她同理，琦琦拖著疲倦又焦慮待會兒時間不夠的心情聽了二十分鐘，並給予陪同出氣一起罵的方式回應，但最終忍不住好言好語地提醒老公說：「你再講五分鐘我就差不多到極限囉！」

「好，我不講了，妳不想聽我就不說了！」這下老公不高興了，接著還離開談話現場。

「為何我已經跟你說我今天很累且等一下還有工作，你竟然只考慮自己被拒絕的感受，還抹煞了剛剛我努力配合你的心情傾聽的二十分鐘？」於是老婆也不開心了。

這事件也是一個老婆覺得挫敗，再怎麼努力都無法達成對方期待的例子，而剛好老公又是非常在意被拒絕感受的人。

類似的案例真的非常多，我就曾經遇過有個家庭每次全家一起吃飯總是隱隱不開心，背後也跟原生家庭有關。因為老公的原生家庭強調要珍惜媽媽做菜的辛勞，所以他總是要勉強自己快快將所有準備超量的菜餚吃完，才會得到肯定及代表惜福；但老婆的原生家庭卻是菜量不夠的情況下，總是要相互遷就體貼相讓，盤裡的最後一塊肉經常擺很久都不會有人吃，若是父母親特別夾菜到你碗裡是一個特別的寵愛表示，是這一口菜獲得保障的證據。所以，可以想像這一對夫妻結婚後的飯桌上會發生什麼事，老公認為大口掃光菜餚是表達支持或以為老婆這樣會開心，但老婆卻覺得我為你考量，你卻都不留菜給我，吃得慢、吃不夠又心寒，最後無辜的老公卻一臉迷惘不知為何老婆又要不開心。

夫妻諮商做久了，發現真的無法從個別陳述的任何一件小事就判斷是非對錯、離譜與否，這樣的爭論是沒有意義的，對方會有敏感的感受一定是有原因的，試著去了解背後的原因，才是化解衝突吵架的切入口。

針對夫妻的任一方而言，當你很生氣或是覺得另一半莫名其妙時，請先沉住氣，深吸一口氣，心中默念「他這麼做一定有他的道理」，然後懷著好奇心，挖掘探索對方在意的點究竟是什麼。

至於好意想規勸的親朋好友，請記住不要隨便論斷是非啊！你永遠無法從一件小事情判斷夫妻的是非對錯，就像是從經過剪接又立場分明的新聞中，你該如何了解事實的真相？另外，也別太快勸當事人「這是小事別太在意」，你不是他，又怎麼知他被戳痛的點及面對的難題呢？

熱壓吐司的委屈

「我只是想吃熱壓吐司，他卻嫌那家店太遠，明明他想去的別家更遠啊！」

「還不是帶她去吃了，到底為什麼要糾結一定要吃什麼？」

「他根本是覺得熱壓吐司很貴！我這麼委屈，還不是為了婆婆跟孩子，連這點錢都不願意為我花嗎？」

故事是這樣的，庭芳和老公、婆婆同住，常常因為飲食習慣不一樣需要委屈自己，忽視自己的意願，這一天早上，她覺得前天已經有兩餐都委屈自己了，一餐是為了婆婆，一餐則是為了老公，都沒有按照自己意願選擇，也沒吃多少，今早是週末的早午餐，以最喜歡的熱壓吐司做開場似乎很不錯。沒想到，帶著幸福的期待起床，心想終於有一餐是可以讓自己滿足而非僅僅滿足家人，原本商量好的老公卻突然反悔，嫌熱壓吐司餐館太遠，不想跑一趟，可否換別家？庭芳聽到雖然失望，還是努力上網找哪裡還有熱壓吐司，但隨著時間一分一秒過去，婆婆已經快要運動回家，小倆口就不方便再獨自吃去吃早餐了，此時又焦慮又失望的感受馬上吃掉了早起的好心情。

夫妻倆情急下隨便亂選了一家店出發，又因為一小時後得回來陪婆婆看病，於是悠閒早餐約會便變成了匆忙慌亂不斷配合的另一齣戲碼，這戲碼的悲慘大結局，是在他們好不容易到了那家店後，卻發現他們只有三明治卻沒有熱壓吐司……。

可以想像老婆的心情跌到了谷底，她得再度配合接受不是自己的期待，勉強吃一餐飯，看著普普通通、自家隔壁餐店就有賣的三明治，卻是經歷了剛剛在家緊急搜尋的緊張和自己慾望不被支持的失落，繞了一大圈買來的；而此時，就算是失望也沒有時間再找了。

她愈想愈奇怪，因為後來網路上找的這家店比原先要吃的那家熱壓吐司還遠啊！老公願意來這家，卻不願意答應去買她原先要吃的熱壓吐司？

逼問之下才得知真相，老公是認為原先的那家太貴了，最近家裡有裝潢已經花費不少，突然想到該節儉；只是，前一天晚上外出用餐老公才跟婆婆和孩子說，你們想吃什麼就點，我們家在吃東西這方面不需要省，但今天，面對老婆的需求，卻突然省了起來……。

這下庭芳真的生氣了！累積的委屈全都一股腦兒地拋了出來，在吃這件事上，平時她都為家人考量，盡量滿足每一個人的期待，只要有人不喜歡的口味她就避免，其他人喜歡而她不喜歡的也會遷就，告訴自己大家高興就好，結果遷就遷就，竟然連一餐都輪不到她作主！僅僅是一個小小的滿足，老公也不給！

其實，仔細想想，庭芳的老公平時不是這麼小氣的人啊！上回出國旅行也補助了一半旅行費，那比熱壓吐司貴上幾百倍；而身為妻子，庭芳也從不吵著買名牌貨或吃高級餐廳，小倆口都兢兢業業上班，過著平實的日子，怎麼會在熱壓吐司一事上吵翻了天？

原來，一直事事遷就的庭芳融入環境中融入得太好，讓老公習慣了，並不覺得平時她有委屈，而早上突然覺得貴，只是因為在這男人的腦袋裡，晚餐可以貴，但是早餐就該在六十元內，單純對早晚餐的不公平待遇，卻傷了老婆的心。

以自己的邏輯決定事物的價值，是很多男性在思考時會犯的錯誤。自己的事自己決定，兩個人的事當然得考量兩個人的價值觀，更何況老婆在這個家的「自我」已經很小了，難得有兩個人的機會，該多尊重她的意見。

但庭芳就沒有能改的地方嗎？若是全家人吃飯速度快而她吃得慢，難道她就該每天委屈餓肚子？委屈，不該只是希望別人能體諒；面對委屈，該做的事是想辦法，具體想辦法讓自己不那麼委屈，而非期待別人都能體諒垂憐。比如說，規定中菜西吃每人一盤，或是先夾菜到自己的碗內，或是偷偷買回好吃的藏在臥房……，先別吐槽這些辦法都不可行，總有還方法可以解決，而要解決的前提就是，**不能因為怕破壞關係而處處委屈，因為一個處處委屈的人，終究跟其他人的關係也不會好到哪裡去。**

能不能幫你買棉被？

好多次了，每次佳琳在百貨公司看到打折中的被子，總是心中隱隱有些遺憾，因為想購買幫老公替換，卻一直被拒絕。

明明說好會符合老公對花色、觸感、厚薄等各項條件的需求，但老公還是堅持他要自己選；無論佳琳在百貨公司、網路購物或是電視購物平台看到適合的叫老公來看，他總是說我自己買就好了。於是那一床已經有棉絮跑出來見客的舊棉被，便一直勉強地蓋在很忙也常出差的老公身上。

半年過去了，有天佳琳出差後回家，一進門便聽到老公興奮地說：我買到我要的棉被了！一副小孩表現好要來邀功的神情，一剛開始佳琳也為他高興，直到晚上就寢，看到新棉被，不禁有些落寞。這床棉被質地粗糙、化學感重，老公坦承是在大賣場買的，但他覺得這床棉被很好又很便宜，還為終於完成拖欠已久的一件事，正得意的呢！

翻過身來，佳琳暗自嘆息，心裡想：我還以為你對於棉被有多高的標準，所以結婚以來都不同意我幫你添購棉被，沒想到挑選品味竟是如此，我明明比較會挑，為何長久以來都拒絕我呢？就不能信任我能為你選擇一床適合的棉被？因為我無權替你買一床棉被？

本來，每天清晨快要清醒之際，老公都會側身讓老婆鑽進他的被窩，兩人躺成兩條香蕉並排的形狀環抱再睡一會兒，這是他們多年來有默契最珍惜的親密時光，但這早半夢半醒之間翻過身去，佳琳卻抱不下去了，這觸感和氣味以後竟要天天聞且要在清晨一起蓋，想到過去種種要買棉被被拒絕的心情，就氣從中來，覺得老公一點都沒考量到她……。

對老公來說，不過是一床棉被嘛！還以為老婆一直在意要換掉破被的這件事完成了，且又買得便宜，這麼有成就感的一件事，老婆回家來應該會大大肯定一番，沒想到她卻不高興了。

對老婆來說，這個家裡可以讓女主人決定的事，她沒被授權，老公一直以來的拒絕讓她有些受傷；最傷的是，最後發現老公並非是堅持品味，只是要「自己」挑選決定，這感覺更是一種被切割的無奈。

其實他們夫妻的感情並非不好，只是每次趁著佳琳出差，老公就會自己去做些一直以來百般拒絕她的事，那些她曾提議一起參與的事，好比說選棉被、一起整理某一塊儲藏室，或是一起去選陽台的盆栽。當她出差回來，老公總是興奮的向她炫耀他做了什麼，卻無法覺察這種單獨行動有多傷她的心。

這樣的事從新婚就開始，他們的新居是以前租給人的舊屋，沙發和床墊至少需要換掉。結婚前佳琳就多次提出要和老公一起去選購家具，你知道的，一起逛IKEA是很多小夫妻對婚姻生活嚮往的開端；但是老公一直拖延，直等到一次她出差回來，老公興奮的跟她展示家具都買好了，原來趁著最近的家具展，老公和婆婆兩人去挑回了沙發和床墊，老公也是一副要邀功的表情……。

「沙發和床墊是我們夫妻兩人每天要睡的和要坐的，你一直拒絕我的挑選邀約，卻跟婆婆一起買了，你腦袋壞掉了嗎？床墊太軟、沙發太醜，已經花了大錢不能退貨，這未來豈不是每天坐著睡著都要不舒服？最不舒服的是，你還是你，我還是我，婚姻並沒有讓你我成為一體，我的意見根本沒得到你的重視。」佳琳當下心想。

「我只是想到老婆一直在意的事終於有時間完成，想著給老婆一個驚喜，沒想到最後都變成驚嚇，其實不是對家具寢具有什麼特殊執著，只是想邀功，想看看老婆一直念茲在茲卻突然發現他已經偷偷買了的驚喜表情，想到老婆也忙，這種事直接幫她做了，不用她煩惱，應該也是一種體貼。」老公也喊冤。

當然，這類事情溝通很多次都沒用，你可以想見老婆會多麼不開心，而老公覺得多無奈。男人要成就感，女人要歸屬感，兩人都認為自己在婚姻中很努力卻得不到正面回饋時，便容易吵架，老公堅持他是對的，生氣做了事還沒有得到讚賞；老婆也堅持她是傷心的，講了那麼多次她還是得不到採買大型家用物品的授權，沒有被老公信任也沒有親密的感覺。

一方要成就感，一方要歸屬感，這種不同調真的很常出現在夫妻間，彷彿不同國度的兩人說著不同的語言，凡舉「我每天上班賺錢累得跟狗一樣，你卻跟我要浪漫？」、「我只是要兩人一起的感覺，不是分工不合作永遠沒交集！」、「你從沒肯定我！」、「你從不在乎我！」等等對話都是出於這樣本質上的不同，而且覺得對方不可理喻。

兩個背景經驗都不同的人，要設身處地的了解對方談何容易？但婚姻就是這樣磨合的道場，有衝突是正常的，但隨著不斷了解磨合，會產生新的你和我。伴侶們！溝通時請別堅持自我或是一味犧牲妥協，想想佳琳和老公雙方的心情就能理解，夫妻這兩字裡面得有原來的自我，也有融合過的智慧，如此這般，也才能如好酒般愈陳愈香。

萬惡臉書的感情試煉

「一般正常的老婆都會感謝老公賺錢養家吧！」老公抱怨。

「一般人放假都會帶老婆出去玩吧！」老婆不甘示弱地回擊。

「人往往因為比較而生出不滿，說臉書是萬惡的淵藪也不為過，跟購物台一樣，蠱惑人心挑動慾望，沒看沒事，一看就覺得自己缺了啥少了啥。在沒有臉書的時代，放假四天也不會知道自己的朋友們有沒有出去玩，現在好啦，大家全放上些美食美景，暗自較勁，搞得我們安安份份平凡過日子錯了似的，好不容易放個假也不能休息。」老公又連珠炮似地說出自己的心聲。

兩人音量愈來愈大，眼看要一發不可收拾，在對方眼中看到的自己都是那麼的邪惡不可原諒，而且「不正常」，起因只因為臉書。

對老婆來說的「正常」，是連假中打開臉書看到的好友們一家出遊的照片：美食、美景、曬恩愛、遛小孩，「四天三夜香港迪士尼全家遊」、「京都賞櫻五日美食雙人旅」、「宜蘭到花蓮兩大一小開車趴趴走」每個標題都刺眼。反觀自家老公，則是放假在家一條蟲，只想休息不想動，既無情趣又沒樂趣，不管老婆如何明示暗示威脅利誘，都不為所動，說是放假就只想在家發呆、玩玩電動或看看電視，即便是老婆主動安排行程也不想出門，寧願花時間體力保養愛車，也不願保養和老婆已經漸漸枯萎的夫妻濃情。

而所謂「正常」在老公立場則是，他和哥兒們喝啤酒時，大家吹噓老婆多麼感謝自己的付出云云。雖然真實度不可考，可能彼此相互炫耀誇大，編造維護自尊的成分居多，但他全然相信，深深覺得唯有自家老婆不夠懂事、不夠體貼，於是把老婆看了他口中「萬惡臉書」的撒嬌埋怨或是溝通渴望全視為是對自己的挑剔，時而不屑，時而惱羞成怒。

確實，大部分的臉書貼文與貼圖都是美好事物的分享，極少人放上生活現實的苦澀或是無奈，畢竟這不是日記，這是親朋好友看你的窗口，也是爭取按讚的絕佳舞台，正向心理的自我催眠與好心分享並存，臉書上的臉，終究還是化了妝的臉。

而感情禁不起比較，臉書的存在，加重了比較的殘酷。一張美照背後，能激起的慾望包括：人家的老公攝影技術比較好、人家都有出國玩、人家看起來感情很好、人家的老婆四十歲了還是很漂亮、人家又買了新車和新房……，**每一個「人家有的」東西，都鏡子似的映照出自己的不足與缺乏（或是自己老公、老婆的不足）。**

當然，同樣的臉書資訊有些人看到，會起而效尤、心生虧欠地趕快彌補伴侶，為另一半創造更多可以在臉書上出現的美食、美景、美照的機會，當是美事一件。只是，這樣的美事往往只發生在別人的家中，若是將現實生活構築於好萊塢般的夢幻劇情中，將徒增失望。

我想說的是，若是身為老婆的，能夠將臉書戰場反敗為勝，將自己生活中平凡的小幸福，如家中的一盤蛋炒飯或是老公發呆時的雙手也當成美照上傳，又何嘗不是讓人羨慕的一幕？嗯，不過這聽起像是日本大河劇中的時代婦女般甘於枯燥平凡的日常生活，壓抑慾望卻心存感恩，於現代婦女來說也未盡公平。

那麼怎麼辦呢？無論老公還是老婆，都得清楚認知不管是臉書、好萊塢電影或是日劇，都無法全然代表現實人生。現實中的幸福，唯有兩人共同妥協相互滿足，而非跟任何人比較而來。

男人的玻璃心

終於熬到了可以躺平的時刻，上班一天已經累壞的夫妻兩人正準備就寢。

「老公，我的單據已經幫我寄了吧！」老婆不放心的再確認一次。

「什麼單據？我發誓妳從來沒有給我什麼單據！」老公提高音量大聲回應著。

不得了，老婆睡意全消不打緊，取而代之的是腎上腺素全開，這單據明明是今天早上將信封交給老公拜託他經過郵筒投遞的，他現在推了個一乾二淨不打緊，單據弄丟可是要賠錢的大事啊！快找找，書桌，客廳，回收垃圾，一一看過，在一旁的老公不但沒幫忙，卻嘟嘟囔囔的唸著妳又沒交給我，幹嘛怪我……，這時無暇管老公，繼續找，一定得找到！終於，在老公書桌上發現了今早的信封，但裡面的單據卻不見了，再問之下，老公才緩緩說：

「妳又沒告訴我這信封是要寄的單據，我還以為是用過的垃圾紙張，所以把它丟掉了！」

「什麼？你丟掉了？」這時老婆也開始大聲起來，兩人戰火一觸即發。

「妳又沒講清楚還怪別人，妳只是給了我信封，叫我幫忙寄單據是更早前的幾分鐘，我沒把這兩件事連起來，是妳沒講清楚！」老公不顧深夜擾鄰地大聲吼著。

老婆愈聽愈火大，為何這個枕邊人在自己最焦慮的時刻不但不幫忙，還一味撇清，甚至「先罵人為強」，於是兩人大吵了一架。這夜晚，好不平靜，雖然最後在社區的大垃圾桶裡翻出了單據，還是沒能讓兩人心平氣和。

這樣的情節並不陌生，是我在夫妻諮商過程中常聽見的抱怨情節。老婆氣極敗壞地覺得自己最親的人辦事不牢就算了，還在她最焦慮時落井下石，甚至不惜毀掉兩人的睡眠大吵一架；而被激怒的老公其實也很緊張，確實是沒把老婆說的兩件事連起來，但是看到老婆焦慮的樣子自己也嚇壞了，是不是犯了什麼不可挽回的大錯？老婆看來不會輕易原諒自己，心想一定得要替自己好好辯護不可，先把老婆交代事情有瑕疵的部份說清楚好保護自己，又同時暗暗希望老婆就大事化小、小事化無就算了，為何不能接納自己犯的一個小小的錯誤呢？

一個覺得在需要時沒得到支持，一個則是覺得自己沒有獲得接納，兩人焦點不同，卻都在焦慮中大聲抗議著、爭吵著……。

很多時候，場景和事件會變換，但夫妻吵架的內容很像，都是在關係中受傷了，跟什麼事件根本沒關係。

請靜下來想想就會發現，男人雖擁有惡狠狠外殼，卻帶著一顆怕被評價的玻璃心，比如，老婆只是提到想要有更多時間一起約會，他就認為老婆是嫌他付出不夠多；老婆得意的說她幾位姊妹都買了名牌包但她才不想買呢，他就覺得可能是諷刺他買不起；老婆說該吃綜合維他命了，就是在暗示他身體不好衰老了；老婆說他說話傷人，則是嫌他沒能給她快樂……。

難怪宮廷劇盛行，皇上與臣妾的遊戲其實是為了保護那些心靈特別容易受創的脆弱皇上，活在虛假的世界中，好像人人都肯定他。但一個人若每天只聽到鼓勵讚美，怎麼能分辨現在與平時的差別，所以若有不是讚美時，一定不是我的問題，而是你的問題，是妳讓我不舒服。

妳知道嗎？有時候造成大吵的原因只是，絕大多數的男士是自己心目中永遠的男主角，在對方需要關係的支持或是安慰或是共同承擔時，男士聽到的往往是要求抱怨、責怪與否定，於是第一時間想的是如何替自己辯解，彷彿想趕快抹掉過錯的小男孩；而那氣急敗壞的女人，也僅僅是眼巴巴希望得到伴侶關心的小女孩。

主婦的標準

因為懷孕生子而暫離工作跑道的佩雅，曾一心想要在職場中闖出一片天地、嚮往成就感，從未想過會「淪落」到整日在家換尿布、伺候孩子的角色，說是步調悠閒卻也不能離開半步，重心繞著寶貝轉，活生生就是一個沒有自己沒有生活沒有工作的女人。看著同班同學們一個個在職場上奔跑發亮，讓她面對自己的停滯生活很不能適應，雖然免於每日早起出門的緊張挑戰，但她的心裡一點也不輕鬆。一直到有一天，她也加入了自製美食分享的行列，並且成功地做出了上色均勻的杏仁薄片後，生命才獲得一點點救贖。

相對於職場中的跑程式、跑業務、跑流程、跑三點半，全職家庭主婦的人生不是用跑的，是扛著沙包孤獨的慢走。

因為沒有太多機會證明自己的價值，也沒有什麼機會發現自己的存在，家事是做了也不會有人發現，只有食物，是可以立即獲得回饋的，也是可以託付對家人的濃情的。於是，她常一邊做一邊享受，一邊嘗試一邊期待，期待家人吃得心滿意足的笑臉，在期待中度過一天。她展開的一雙翅膀及一雙魔手，有絕對的空間打造一個溫暖的家，讓家人可以嗅著食物味道的幸福的家。

這一天，佩雅新學了幾道菜，匆忙在孩子午睡時備好複雜的工序，累得自己連中飯都來不及好好吃，湯燉上、菜切好、鮮肉包蒸上，就等老公回來炒個青菜及烤個魚即可吃飯；再想一遍流程，確定可以在老公回家後的最短時間內變出一桌美食，且都要香噴噴色味俱全。

只是等了又等，等了再等，老公都沒回家，去電也未接，她開始焦躁起來，是出事了嗎？還是自己忘記了老公今天有事？終於忍不住打到辦公室詢問，辦公室沒人接電話，看來都已下班。

佩雅一直等到飯菜已涼，心也涼了，才聽到熟悉的開門鑰匙聲，是老公回來了，該以什麼樣的表情面對他呢？該隱藏自己的焦慮與生氣嗎？

「累死了，吃飯還要應酬，吃得又撐又不消化。」他沒好氣地說著，見她沒什麼反應，又接著說：「還是像妳不用上班比較好，妳不知道工作已經很有壓力，還要應付複雜的人際關係，真的很辛苦耶！」

她知道，她真的知道工作很辛苦，也很想安慰老公，並且嗲聲肯定他為家庭的付出與貢獻。對他來說，這只是一餐飯，不必應酬的一餐飯，填飽肚子而已；但對她來說，這一餐彷彿是她的一生，在虛空中唯一抓住的真實與價值，桌上這賦予極度心血的一餐飯菜，終究沒有被看見……。

看到這裡，許多人會覺得情節似曾相識，夫妻彼此不理解的溝通不良，就像是功能不佳的手機耳麥，根本聽不清楚彼此的聲音，只是一味按照自己的標準對另一半或評價對方。就如故事裡的佩雅，老公辛苦上班一天回到家，根本沒有覺察她的用心，認為她在家帶小孩應該輕鬆自由得多，無法了解老婆在家帶小孩根本空不出時間來喘口氣，以及整日面對幼童的無聊無力及單調；要是他多說幾句水槽裡的碗都沒有洗、陽台曬好的衣服為什麼不收，或是拖著疲累的身軀幫忙做家事就脾氣火爆，很可能就點燃了爭吵的火花。

相反地，佩雅也可能容易輕看老公工作上的壓力，或是有時候被人惡整，極度受辱還得為了家庭收入勉強硬撐的辛勞，更別說許多艱難是無法跟不在同一職場的老婆訴說的；說真的，叫男人吞下一口氣，並不是那麼簡單。

恭喜你，看到這篇文章，或許表示你們已經四處在思索尋找解答，今天起，建議你們先重新檢討自己的耳麥功能，是否好好站在對方的立場了解彼此？或許，才能學會彼此體諒。

可惡的正向思考

「下次弟弟當兵週末回家的衣服可不可以分開洗啊，因為部隊裡面大家一起洗太髒啦！」

「沒有啊，沒有一起洗啊！這次洗的衣服裡面沒有妳的衣服啊！」為了要消除老婆的焦慮，啟元衝口就說。

「就是因為看見了才會提，你還要睜眼說瞎。」一連兩個謊言，聽得毓玲很火大。

「弟弟送進洗衣機的軍服只是一小部分，大部分昨天已經拿出來洗了。」聽到無可辯駁後，啟元改口了。

這樣的事情，大部分的老婆聽著只有更生氣，小部分和大部分有差別嗎？一點小事為何要不惜說謊也要把她的抗議抹掉？老公卻覺得很委屈，他講話是有點不精準，但其實是想要讓老婆寬心的一種安慰方式，想說把事情講得不嚴重，老婆就不會焦慮或是覺得衣服都洗髒了。

「週末我做番茄肉丸子飯給你吃好嗎？上次你不是說在電視美食節目中看到這道菜很想吃，我想到一種做法了。」

「不要吧！不要做了。」

「那你週末想要吃什麼？還是你想出去吃？」

「我還沒想到。」

類似的對話到此，老婆通常會難過又生氣，覺得自己為你設想，你卻一口回絕，且回絕的另一理由竟是「我還沒想到」。老公也覺得很委屈，老婆怎麼那麼愛生氣，他其實只是想到週末老婆要加班，回家後可能已經晚了，老婆做飯他又要洗碗，他週末不想洗碗；只是，這些理由還來不及說，或是不好意思說，老婆的氣球已經炸開了。

這樣的事可以有很多變形，比如說老婆抱怨婆婆，老公就說其實我媽也沒那個意思啦！老婆說我們最近相處的時間好少喔，老公就會回說哪有，我每天都回家；老婆說我最近月經好像來得不太穩定耶，老公就回說不會吧，我覺得還滿正常。

其實，老公的感受是自己常常被罵、被嫌、好像說什麼、做什麼都不對，在老婆眼中彷彿不被接納；但老婆的感受卻是不被在乎、不被接受，一切的擔心、痛苦、為難、好意都會被老公抹去或拒絕，在關係中很難滿足。

你知道嗎？關鍵就出在「正向思考」。我們的成長過程中，特別是男性，總是被鼓勵要正向思考，有什麼負向情緒一出現，就趕快抹去或是轉念，讓自己以最快的速度回到常軌維持運作，所以他也用同樣的方式對待老婆，起心動念還真不是壞意，可能是安慰外加打氣鼓勵。

只是，作為老婆的可感受不到，因為無論說什麼提什麼總是被打槍，特別是需要安撫安慰、理解同理時，老公的正向，反而感覺很殘忍，是否定了她的感受與忽略她的擔憂。

老公的正向思考，若是再加上不太想承認的自我中心，就更容易成為引爆夫妻衝突的導火線。例如上述其實老公是先想到自己不想洗碗，蓋過了同理老婆想為他烹煮美食的心意，在那一剎那，只想到了自己的需求，卻又不太願意承認，於是模模糊糊的反對，讓老婆更加誤會與心寒。

夫妻關係中，在沒有充分理解之前**真的不能一味正向思考，這就像對中風躺在床上動彈不得的病人說，加油，你一定可以恢復的！其實，只是找不到話可以安慰時快速選擇的一種殘忍說法，因為我不想承認，也不知道怎麼面對你的痛苦。**請跳出這莫名的正向思考吧，正視彼此的情感需求，也說出自己真正的需要，更能讓夫妻都在這段關係中得到滿足。

要不，看電影分開坐？

沒想到假日這麼多人來看早場電影，志明心情有些忐忑，因為春嬌前一天才提醒要網路訂票，但他抱著一絲僥倖卻賭輸了，拜託拜託一定要有票，志明暗自祈禱著。

輪到他們了，排著長長人龍的售票窗口前，運氣沒站在志明這邊，「抱歉喔，這個小廳目前只剩第三排的位置有兩人連座，建議選分開的第六排和第九排兩個位置喔！」一時之間，天崩地裂腦袋糊化，不知所措的志明轉頭問春嬌：「分開坐好不好？第三排太近了不能看。」面對著後面排隊人潮眼巴巴等待你快速抉擇的壓力，再加上志明都這樣說了，好像也只好接受，春嬌無奈地說了聲好。

買完了票，春嬌愈想愈不對，這半年看不到一次的電影約會，竟是分開坐？於是跟志明說還是覺得好遺憾喔！心虛的志明反應很大，「我剛剛不是問妳了嗎？我本來是不想分開坐的，是因為妳說好我才買的啊，要不然不要看，回家好了！」

春嬌原本抱著委屈無妨的心情，若能被安慰一下也就平復了，或許分開看另有一番情趣，但志明當場將責任推到了自己頭上，也忍不住激動起來了，「你若是不想分開坐，為何售票員詢問時你不直接拒絕？你轉頭問我並且否定了另一個選項，難道不是要我同意的意思嗎？」

「我不要跟妳在大庭廣眾下吵架。妳丟臉，我可不想丟臉。」志明小聲說。

「我只是要聽你到底是麼想的？你幹嘛做了又不承認？」春嬌大聲說。

志明抱怨春嬌愛生氣、太激動、不給面子且無理取鬧，而春嬌則滿腹委屈的說她其實適應力很強，只是心情需要一點安撫，但每次跟志明討拍時，志明都會因為感到被指責而反擊回去，委屈加上被罵，往往就撐不住了，於是春嬌激動起來，志明冷酷起來，形成一個惡性循環。

這樣的對話，常常發生在夫妻之間，可能是電影院、風景區、家中客廳，也或許在諮商室中。一方討拍要安慰，一方卻覺得被罵不爽，老婆說「你都不怎樣怎樣……」，老公聽到的不是撒嬌反是責罵，接著辯解、制止或是反擊，讓老婆更受傷。

在夫妻諮商中我很少直接給建議，因為每一對夫妻的個別狀況與意願大不相同，可能是女方的撒嬌技巧需要重修，也可能是男方的好面子議題需要處理，又或者需要兩人對對方的個性特質多些接納，任何一個環節改變，都可以影響結局。就像這個狀況，問題的本質根本不在於沒買到連座電影票，而是他們面對變局或逆境的因應出了問題。

你呢？是跟另一半去看電影約會，會接受分開坐嗎？若你尋求這個答案的統計，是想要用民調大數據來說服另一半，我勸你打消念頭，婚姻不是一個從眾的選擇。你的另一半理應對你有其特殊性，需要在了解對方和自己的情境下，商量出每一個決定，並沒有「正確」或是「應該」的決定。若你的伴侶很期待膩在一起的感覺，那麼你就絕對別做分開坐的考量；若你的伴侶是很在乎觀影位置的電影迷且不在意獨坐，那麼當然可以有分開坐的應變；若你不太了解你伴侶，連他喜歡分開坐或是坐一起都沒概念，那麼就該前一天早早預定連號電影票囉！

為什麼都不管我？

假日難得的午後，夫妻在客廳裡各自做些日常瑣事。

「每次看到你走過來，我都以為你是要來找我；但結果發現你是來拿我身旁的老花眼鏡，或是撿我腳下從櫃子滑落的一個塑膠袋，每次都好失望喔！」老婆說。

這時身為上等老公的答案應該是：「啊，老婆！不好意思，我沒發現妳這麼愛我！我愛妳！」然後緊緊抱著老婆一會兒。

中等答案：「喔！我沒注意到，老婆妳口渴嗎？需要我幫妳倒杯水嗎？」

下等答案：「我只是要拿眼鏡，沒眼鏡看不清楚。」

不要命的答案：「妳發什麼神經？老夫老妻了還找碴？哼！對我失望？妳有

一輩子慢慢來失望！」

當然，怎麼回答跟你們當時的感情甜蜜度有關，但你知道以上答案是怎麼分出上等、中等和不要命等級嗎？

好答案是回應老婆的「依附需求」，讀出老婆這話的背後，內心是渴望老公多看她一眼或是多碰觸她一下都好，所以老公直接以態度回應，滿足了老婆的需求，天下太平甜甜蜜蜜。

解釋，往往不是個好開始，因為在為自己解釋的同時，也就忽略了對方表達出的需求，只是一味證明自己沒有錯，並不會讓關係變好、老婆溫柔、聽完閉口；相反地，你慌亂中提出的理由有可能會她更感到自己不被需要、不夠重要，那麼愈解釋就愈糟了。

若是解釋後也稍有些關注對方的表現，如拿杯水或拍拍對方，那也還能接受；但若只是解釋，然後認真地埋怨對方小題大作，要求對方勿鑽牛角尖，那是找架吵。

而且，壞答案或是糟糕的回應，往往伴隨了老公的情緒被激發，內心被觸傷，覺得好端端地幹嘛對我不滿意，一把火上來，很可能會將原本老婆的撒嬌全都燒盡，兩人升高的緊張情勢甚至一發不可收拾，毀掉整個悠閒的午後，或是得花更多時間心力摸索、道歉、安慰、解決這個局面，得不償失。

另一個故事是，這一天夫妻難得在結束了兩週的繁忙工作後，約好下班後分頭在百貨公司會合，一起在百貨公司樓上的餐廳用晚餐，結果餐點美味、氣氛融洽，價格也沒超預算，老婆顯得很開心，直呼好久都沒這麼輕鬆高興了！

酒足飯飽之後兩人正要走去停車場，卻遇上了百貨公司門口廣場前搖滾樂團的重金屬音響及歌迷尖叫的高分貝侵襲，一向有神經衰弱怕吵怕大聲的老婆問老公，「我們一定要走前門嗎？」老公想也不想地說是，然後便一人快步往前邁進，不安的老婆只好跟著走。

果然，這一場活動的分貝數超高，人潮又多，一片混亂扭動尖叫聲中，號稱狗耳朵的老婆，雖然摀住了耳朵，還是聽得到大聲的高頻噪音和足以影響心跳的低頻震動，整個人像經過槍林彈雨般的繃緊神經快速奔逃，只希望能快快逃走。

就在這千鈞一髮之際，一路直直走並沒有回頭看老婆一眼的老公，竟停了下來，不是照看老婆，而是轉頭過去好奇舞台上到底在表演什麼？此時奔逃了老婆被老公的突然停步擋住去向，喊叫也不可能聽見，只好拉了老公死命往前跑，從耳朵上放下來的一隻手還讓右耳暴露在巨大噪音的痛苦中……。

最後，剛剛美食所帶來的所有愉快和放鬆都消失殆盡，取而代之的是焦慮緊繃心律不整和生氣，而一臉無辜的老公還不知道發生了什麼事。

「你為什麼停下來？」老婆問。

「我只是好奇嘛！」老公答。

「你忘記我很怕噪音嗎？我們結婚十年了，凡舉鞭炮聲碗盤聲喇叭聲我都能避就避，你又不是不知道？」老婆問。

「我剛剛一時放空嘛。」老公答。

「那麼我剛剛在門口問你一定要走這條路嗎？你回答我一定要，但事實上百貨公司的每一側都有門可以走，明明可以繞開避免我的痛苦的。」老婆問。

「我剛剛沒想那那麼多，妳幹嘛這麼生氣？」老公反擊。

倒楣的老公覺得老婆不應該把環境噪音怪在他頭上，而老婆則認為老公不在乎、不重視也不尊重她，夫妻本是同林鳥，噪音來時各紛飛，老公進入了自己好奇與放空的世界，忘記了相知相惜的老婆此時正承受巨大痛苦。

忘記老婆多年的脆弱與需求，忽略老婆面對變局時提出的討論與質疑，隨意隨口給出一個答案希望老婆遵循指令，每一項都打中了老婆的未滿足的依附需求，難怪她會生氣。氣的不只是噪音干擾，而是老公沒有顧及她。

其實，老公不一定要總是甜言蜜語，但須用心聽懂老婆表達的事情，為了兩人長久的未來，願意商量一些生活改變；老婆說她不舒服了就是不舒服，無須幫她判斷這傷該不該有情緒，請接納安慰她，即使無法馬上想到解決方案。

絮絮叨叨講了這麼多，雖然都不是什麼「大事」，但你或許會心有戚戚焉，因為**老婆討拍↓老公沒反應↓老婆抗議↓老公以攻擊作為辯解↓老婆感覺討拍不**

成反被罵，老公感覺解釋不成不被接納↓吵架！

以上情節就像連續劇公式般在很多家庭裡重複上演，身為老公總把老婆的討拍當成指責，急著為自己辯護時順便攻擊一下對方，感覺對方期待太多不給餘地；而身為老婆一定有原因才需要討拍，結果討拍不成反更受傷或被責怪，感覺自己需要時被重要的人拒絕。一個覺得被否定，一個覺得被拒絕，兩人就像在玩踩對方腳上綁的氣球的遊戲，不管誰踩誰都會爆炸。

歸納起來，這些故事站在女性角度，都是「依附需求」沒有被理解與滿足，才產生的爭端，而這類的事件累積之後，就會全都指向一個共同的可怕事實，即「老公不在乎我」。

於是每一件小事都變成了大事，讓老婆既恐懼又失望，既生氣又傷心，恐懼生氣的時候便會罵老公、質問他、教育他；失望傷心的時候，便會不理他、冷淡對他。又因為老婆降低了對老公的信任感和不敢再依靠，或許會直接放棄感情依附，也或許會反覆驗證再次核對另一半是否在乎他？而老公，只覺得自己因當時情境犯的一個小錯，完全不被對方接納原諒包容，好像永無翻身之日，徹底被否定，心情也很糟。最終演變成一方覺得只是小事，一方卻認為是「創傷」。

「依附需求」是親密關係中最需要的，也是沒得到時最容易發生衝突的，只要有一方感到「不重要」、「不被在乎」、「被否定」、「被遺棄」，整個關係就不平衡了。在親密關係裡，涉及到你在我最需要的時候遺棄我、背叛我、否定我或是不在乎我，都很容易變成心理創傷。所以，創傷不見得是人人皆能認同理解的大事，在當事人心裡，當時產生重大影響的，便是創傷。

其實，只要從依附需求的角度出發，就會發現，很多時候老婆跟另一半抱怨公司，是希望有能陪她一起出出氣，不是勸她與人為善（老公沒站在他這邊）；老公跟老婆解釋某件事沒做到的原因，是他不想讓伴侶失望（怕對方打心底否定他），不是故意找藉口、找架吵或是辯論。

所以，被責怪「為什麼不管我？」的時候，先體會看看，對方是不是正處於「你看看我然後抱抱我嘛」的希望依附需求被滿足狀態。畢竟，夫妻互動不能像玩踩氣球，而要像踩影子。不是攻擊性的防衛，不是你死就是我活，更不只是保護自己腳上的氣球；而要隨時注意對方此刻在環境下投影出的形狀，站在對方的立場關心對方的需要。

若真的有創傷了，也要對症下藥，合力療癒，以免留下後遺症。例如，在接下來的日常中，以行動和言語反覆強調展現「我絕對絕對不會遺棄你、背叛你、否定你或是不在乎你」，又或者是對當時創傷情境討論下次如何避免預防，展現「絕不讓你再次受傷」的誠意，這樣或許還能在創傷中重新找到關係加溫的契機。

而受到創傷的那一方，也請用力維持一絲絲理智，不要以一次的經驗抹煞了對方平時所有的努力，需要療癒時也請明白告訴對方，你需要他如何幫助，盡量不需要提高標準門檻，希望對方能自己猜到主動做出以再次證明愛情，因為這期待往往會讓你更失望更受傷，兩人都為此付出更大代價。

「老婆囉嗦」這件事

「其實應該是我老婆該諮商才對的，不過我先來看看有沒有效，評估後再跟她商量是否要一起來。」佑盛一坐下來就開始抱怨老婆囉嗦，嘟嘟噥噥地說。

他的衣著合宜，smart casual，說話條理清楚又帶著微笑，態度直接但保持禮貌，很容易讓人產生好感，無論對方是男是女。但，我不會天真以為他在家也理當是這樣，很多人在社會、職場上很成功，甚至也有好的人際關係，但是每天精準扮演的「假我」太多，回到家就會是「真我」不得不出來展現的時候，那個被壓抑已久的內心小孩在另一半面前最容易爆發，一切情緒屆時都是毫無修飾的反射反應。

當然，諮商不是一個辨別是非對錯的過程，諮商心理師也不是法官，於是我跳過過程細節的了解，直接進入到感受。我問佑盛，當老婆囉嗦時，他的感受為何？他說，老婆囉嗦一直唸唸的同時，他會覺得是不是自己什麼地方做不好一直被監督、被指責，不被信任、不被欣賞的感覺，其實也知道老婆有時唸的事是為他好，但是當下就只想放空，不想掙扎著要變更好，老婆唸只會讓他更焦慮煩躁，處於一種不安穩平衡的狀態。看來，是位「耐老婆唸指數太低」的老公啊。

什麼叫做「耐老婆唸指數太低」？包括嘮叨、建議、責怪、提醒、語氣不夠溫柔的撒嬌，只要超過一分鐘便不想回應，超過三分鐘可能就要引發脾氣，這，就叫做「耐老婆唸指數太低」。

「你知道在社會上生存有多辛苦嗎，有許多上級長官要交代、目標要達成、對部屬要管理、對客戶要討好，理想與現實間要不斷拔河等等，當忙完這一切回到家，請妳不要告訴我還有什麼沒做什麼該做！我只想自己一個人打電動也好看電視也好的放空，這是我僅剩下的一方留給心中那個小男孩的土地，不容許侵犯！」佑盛說著有點激動。

原來，他另一方面更深層的模糊感受是：不喜歡別人管我，我在家只想做自己，愛怎樣就怎樣，不想再配合扮演某個角色，達到別人的期待，好比說成為一個讓老婆開心的好老公。他有想要有很多獨立空間的期待，也從不認為關係是需要經營的。

所以，每當老婆開始囉嗦，佑盛就表現不耐。老婆有事情不應該在上班前囉嗦，就算那是她翻來覆去一晚所想，經過咀嚼後早上提出來的事情．因為不是時機嘛，再重要的事也不該在上班前說啊！於是佑盛經常壓抑著怒氣不回應，讓老婆像對著無聲大海說一般，看著她說話的嘴巴和愈來愈著急的臉孔，只是心裡覺得厭煩和害怕，根本沒聽到她想說什麼。

那麼什麼時候說呢？看電視前得犧牲想看的節目，打電動前得犧牲團體線上遊戲的時間，洗澡前破壞心情，睡前影響睡眠……，就算是老婆下班說，他也會覺得辛苦一天回到家就討論事情也太累人了吧！其實，最好是老婆別太多話，日子過得平平凡凡，我也沒對不起妳就夠了，別一天到晚要彼此了解什麼的。

對於佑盛而言，聽老婆說話要忍住不開心已經夠難了，何況回應？但他厭惡的表情掩藏不住以及不回應，往往觸到了老婆心理的炸彈引信，讓她更焦慮擔心，更覺得兩人需要溝通，於是一方說個沒停也得不到回應，一方卻冷冷看著那張說個不停的嘴巴怎不會停下來，心裡卻是怒火中燒。

而佑盛老婆呢？跟老公說話是她在婚姻中被看見的方式，家事通常是一種「維持」的工作特質，很難有明顯的成就感，她再忙付出再多都不要緊，但是要被看到、被欣賞，甚至被珍惜。於是，她把心情瑣事說給老公聽，希望被聽到；把抱怨說給老公聽，希望被安慰；把一切關心老公、要求老公做到的大小事叨唸給老公聽，希望能發揮自己的影響力讓對方更好，從中看到自己的價值；這一點很多職業婦女在婚姻中一樣如此，不見得是家庭主婦的專利。而老公的冷漠或負向回應，對老婆來說就是忽略、嫌惡、否定自己的價值，讓自己在婚姻關係的角色中喪失一種重要性與參與感。

在我認識的夫妻中，有一類型的互動模式會變成這樣，這往往會演變成僵化的你追我逃，當追也追不到，逃也逃不了時便引發世紀大戰，最後可能得花更多時間精力來完成一場吵架。

看到這裡有人會說，有些事沒那麼嚴重吧！或許吧，每段關係都是因人而異，但是夫妻會感情不好，多是從小事開始吵起，明知是小事為何還那麼生氣或是反應激烈？就是因為觸及雙方心中最深處最隱晦的想望。期待落空，自然會生氣，一方沒有保衛好自己那個小男孩最寶貴的自由；另一方則是飽受嫌棄感威脅的小女孩，奮力以她的哭鬧爭取生存。

確實是看來公婆都有理，很難叫誰忍讓，那麼，這困局該怎麼解呢？**同理，是改善關係第一步**，當自己被理解後就可以稍稍放下防衛或攻擊的武裝面具，平心靜氣地看看另一個人的內心——他或她內心那個被壓抑的小小孩。我們對小小孩總有無限的包容及憐愛，但是當這小孩被大人張牙舞爪的犀利詞鋒包住時，實在很難看到。夫妻間的吵架，在彼此真正深度同理後，將不再是敵我關係涇渭分明，你贏我輸；而是共同面對兩人的心理需求，以兩人為一共同體來尋找解決之道，揭開兩人醜惡的吵架攻擊面貌，看到內心那小男孩小女孩的無助與渴望，然後攜手說：來吧！我們一起解決。

親愛的，獨處一下好嗎？

「為什麼吵架後老公需要冷靜？不懂不懂不懂！」諮商室的女子有些歇斯底里。

芝如通常在吵架或是關係破裂後，都好希望快快恢復，不管是安慰也好，講明白也罷，找解決方案避免下次衝突更好，反正只要在關係緊張狀態下，就似乎事事不順心神不寧，無法先做別的事再回來處理。

所以她若是早上和老公吵架沒吵完就匆匆上班，會在老公開會時傳上十通LINE簡訊發洩且期待被看見；中午休息時間一定得講到電話，雖然不一定有結論，但彷彿老公願意犧牲吃飯休息時間照顧她的需求，這本身就有意義，能確認老公還在乎她。此時若是老公想要安靜冷靜一下，生氣起來不接電話，那可真是折磨死她了，早上吵架後關係不明，中午去電又拒絕接聽，這種被遺棄的恐慌將會無以復加，更加歇斯底里的舉動也可能出現！

芝如其實不是故意的，她是真的害怕關係中片刻的空無與寧靜，那沉默彷彿是千年等待的一根針即將落下，深怕寧靜過後等到的會是針落心臟，一針斃命……。

難怪她要拚命求證、驗證、討拍、討好，無論是苦是樂，是激動或溫柔，什麼都好，就是不能不理人。她在這樣的互動中，才能感受到自己的價值；在對方的回應裡，才能檢驗自己被在乎的影子。

這樣的女人事業再成功，在關係中的自我還是少少的，心向著老公怕怕的，雖然外表可能被誤會成強勢、囉嗦、焦慮，但實則內心是個超級怕被遺棄的小女孩，若是在關係中失去了重心，整個人也失去重心。

無奈，上天總是捉弄人，很多時候愈是需要老公常常「理會」的女人，總是會找到很需要自己安靜獨處發呆，且在關係中反應遲鈍的老公。當時這樣的組合或許是天雷勾動地火，但婚後的日常卻往往是水遇上火難以相容，一個追著討答案，一個避之惟恐不及；一個把冷靜當成是對方的拒絕，一個把著急當成是永無止境的索討，兩人在關係中都痛苦至極。

除非遇上EQ高、又懂得安撫老婆秘訣的老公，才能相安無事，好比上班前吵架，他就在老婆忍耐極限到來之前，先LINE一兩句好言安撫、同理加貼圖，中午再先發制人的給老婆一兩句話，那麼就有可能爭取到下班後才談，且氣氛不會太差。

只是，這樣的老公難尋，而且親愛的，**即便是兩人世界，也需要一個人能夠獨處的空間**。

如果深知自己是這樣的個性，建議以自我提升取代歇斯底底的焦慮，可以創造更多轉移注意力的方法，有時候，等待和獨處一下是必要的，才不會動不動針鋒相對，關係愈搞愈僵，愈要老公緊緊相連的妳，會愈是把他逼得遠遠的。

分工不合作

「我一直沒覺得我們有什麼問題，只是我總是沒辦法讓老婆滿意。」老公一臉無辜地坐在我面前，喃喃地說道，接著輕輕地嘆了一口氣。

「就是這種態度讓我生氣！結婚以來溝通這麼多次，他怎麼會不知道我要什麼？總是一副無奈表情好像我無理取鬧一樣。」老婆語調開始升高。

老公覺得他已經盡他所能賺錢養家，甚至老婆要求倒垃圾、拖地等家事他也都照做，但老婆的不滿意讓他無所適從；而老婆的孤單感受卻是深刻的，在這個家中她和老公彷彿是工作夥伴，彼此各有職掌但沒有交集，老公的周圍好像畫出一道鴻溝叫她不要接近要彼此尊重，那一種孤單的感受比單身還難過。

又是一對「分工不合作」的夫妻，我這麼想，這已經是這個月我在諮商室遇到的第N對夫妻了。

或許是現代雙薪夫妻生活使然，每一個人的壓力都很大，在職場、在家中對上對下扮演的角色多元化，每一個角色都不容易，很多夫妻會選擇最避免爭執衝突的方法生活，例如外食選擇哪一家餐廳都聽我的，投資理財儲蓄都聽你的；我賺錢，你顧家；我管兒子，你管女兒……，似乎這樣最省時省力，避免意見不同時還得協調溝通，但是時間久了，衝突少了，親密也少了。

多半來說，老公較容易採取此一「分工不合作」的模式（也有例外），無辜的他以為這是避免爭執最安全的方法，殊不知這方法卻讓缺乏安全感的老婆漸漸累積焦慮，寧願吵架爭執，至少有溝通也比沒話說要好。

那什麼才叫做「分工合作」呢？

答案是，彼此之間得有交集，會溝通意見不同之處，且雙方都願意花些時間配合調整，找出可以接受的提案，而非一味委屈退讓壓抑。

好比說一對夫妻，老公喜吃鹹而美味的快炒料理，老婆喜吃淡而無油的水煮汆燙，他們若是分工不合作，可能是老公退讓，然後自己外食時大魚大肉滿足味蕾，副作用則是得瞞著老婆，且有時會不太有意願回家吃，之後很可能導致更大誤會。至於分工合作的方案可能是，找一天一起進廚房，共同做出兩人都喜歡的好吃無油、減油料理。這個方式或許需要更多妥協調整，甚至冒著過程中小小不愉快的風險，不過看似麻煩的溝通過程，卻正是夫妻間感情保鮮彼此連結的證據。

「……將咱兩個，一起打破，再將你我，用水調和，重新混泥，重新再做，再揑一個你，再塑一個我，從今以後，我可以說，我泥中有你，你泥中有我。」這一首老歌的旋律響起，讓我深感，在這一個講求效率的年代，唯獨夫妻相處這一件事，效率不是最優先考量。

「被在乎」的大數據

「不知道老婆哪來那麼多話，大事小事都要跟我說，還期待我都要記得，女人真是麻煩啊！都不讓我休息一下……」阿宏一邊抱怨一邊眼睛瞥向老婆梅芳，看她有沒有生氣；當然，也是因為在諮商室裡他膽子比較大，料想有外人在，梅芳應該不會有太爆炸式的反應。

「諮商師，妳看看他，口口聲聲說我麻煩，是他不想用心啦！他是做客戶服務的，整天處理客戶的心情，最好他什麼都不懂啦！他就是不想用心！」梅芳沒好氣地說。

阿宏和梅芳是一對夫妻，老公基本上不太想來諮商，覺得夫妻間根本沒問題，是老婆太愛鑽牛角尖；梅芳則是覺得老公對她愈來愈冷淡，不關心也不在乎她，讓她在婚姻中感覺很孤單，過去的甜蜜與親密都愈削愈薄，再不解決，她都幾乎撐不住這段婚姻了。

在諮商過程中，梅芳細數兩人吵架事件，為得是能透過鉅細靡遺地描述一個個例子，讓老公明白她是多麼失望和傷心；但顯然事與願違，阿宏聽到梅芳在外人面前一一數落那些已經快要遺忘的陳年小事，非常地不舒服和不耐煩，覺得在老婆心目中的自己竟是如此讓人不滿意，那些他為家裡的付出都不算了嗎？想到就火大！好幾度表示想離開諮商室，更抱怨老婆為何不能獨立一點？大事小事都要跟他說、要聽他意見，他即便絞盡腦汁給了建議，還往往被打槍，心想既然要問我又不聽我的意見，這算什麼？拿我開心？嫌我不夠忙，拚命否定我？

我花了一些功夫安撫老公的情緒，像高端翻譯機般的探索兩人的原意和真實感受，直到他們都同意這才是他們真實的心聲，並且驚訝的發現原來對方是這個意思。阿宏和梅芳的心情，其實很多夫妻都有，夫妻間的誤會比想像中多太多了，但是若不是同時與兩人見面，實際參與兩人的互動過程，根本沒機會發現。

幾經探詢後，我發現梅芳要的根本不是阿宏的意見，阿宏那些「要是我的話就會怎樣怎樣……」的話，梅芳一句也不想聽，梅芳要的是阿宏的情緒理解和安撫，不是解決方案。就算是模擬兩可左右為難的選項，比如說「我穿紅上衣還是粉上衣去吃喜酒好？」或是「你覺得我該不該答應這個新的工作項目，這樣會不會太累？」這些二選一的問題，梅芳也不期待老公給出「要是我的話就會怎樣怎樣……」的意見。

因為，梅芳之所以每天告訴老公大小事項及她相對應的感受，就是要讓老公透過訊息的累積來了解她，而在一個恆常累積的理解基礎上，遇到她難以抉擇的狀況時，「老公」這個大數據資料庫便可以產生作用，她要的意見是「老公所理解的她會怎麼做」，或是基於過去她曾發生的經驗，陪她討論。

這個討論的過程，可以滿足女人被重視、被理解、被記得以及感到關係親密的需求，且女人是透過談話思考的動物，男人很難理解。話題本身不重要，但感到被老公在意，才是談話的真正意義，若說女人的獨立是建立在被另一半在意的基礎上，也不為過。

但對男人來說，就完全是另一番感受，好像不上學、不上班的日子還隨時被抽考的感覺，不但常常答錯被退件，還被要求要記憶、要消化，並提出站在對方立場的建議，這不是考試是什麼？沒有人想在工作之餘，還這麼辛苦的經營夫妻關係。

久而久之，身為老公會愈來愈想逃避聽老婆說話，因為聽多了老婆期待也多；而另一方面，老婆會愈來愈沒安全感，感受不到老公的在乎和願意親近，不願聆聽也不喜歡接觸，焦慮被愛的感受漸漸消失，對於這愛的證據的檢驗標準就愈提愈高；然後，老公會覺得老婆的期待愈來愈難以滿足，自己的付出與優點被遺忘，反倒一直收到被懷疑、被再次檢驗的訊息，造成惡性循環。

理想中，女人都希望自己的另一半是可以倚靠的，在矛盾猶豫憂鬱激動時，可以提供一盞明燈一個指引，但是現代社會顯然已經跟古老傳統大不相同，女人不再沒有知識能力，女人的見解未必比男人差，所以，當老婆詢問老公時，更多時候的渴望是求愛，求一份被關愛的證明，一個有商有量的緊密關係，不是心理無解而求救。

老公們，請成為老婆的大數據資料庫吧，老婆的期望是若能有一個人比自己還了解自己，那麼一定是真愛。也請記得，她要的不是自動販賣機，隨意打發就可以，她要的是大數據分析的高端軟體，內建的資料庫全是為她一筆一筆輸入的data，檔名是「在乎」。

老公怕老婆，老婆受折磨

一個難得的週末，曜輝和芯儀上午難得地去逛了菜市場，還特別買了芯儀愛吃的熟食芹菜炒蝦仁回家，芯儀中午時臨時回公司處理了一下事情，再回來與全家一起吃晚餐。但餐桌上，怎就不見那一道芹菜炒蝦仁呢？芯儀好奇地問曜輝，他的反應則像是被飯噎到一樣不開口說話，她愈問，他愈是不開口。

這時，兩個孩子在餐桌上扮了一個無辜笑臉，而曜輝也跟著向芯儀作出了這樣的表情，她顯得不高興了。她可以理解孩子們想緩和氣氛的心意，但老公跟進的笑臉不對勁，誰來告訴她一個答案，作為一個母親，東西就算吃進了孩子的肚子裡沒留給自己，也是可以接受的結果，幹嘛要三個人神祕兮兮把她排擠在外？她急了起來，對於這場三人合演的秘密戲碼表示抗議，但更氣的是孩子後來脫口而出大聲地說「我們中午吃掉了，怎樣？」

後兩個字還真是刺耳，但最讓她火大的是，老公的害怕感染到孩子，也覺得媽媽是為小事愛生氣，是對家人犯的小錯不肯接納的人。事實上，一次也沒有，芯儀一次也沒有因為老公或孩子坦承犯什麼錯而發過大脾氣，最多對老公叨唸兩句，卻曜輝被抹黑成愛生氣、不接納的人，且在孩子面前誤導他們；她真的好生氣，氣的不是東西被吃掉了，而是氣老公就是不回應一個簡單的問句，更氣老公在孩子面前把她塑造成老巫婆。

這樣的狀況重複很久了，她好痛苦，但每次跟曜輝說，他就覺得她在指責批評，而面對指責批評，曜輝的處理除了低頭認錯但無奈地說我改不了，就是惱羞成怒大聲吵架，找別的事情攻擊回去，這對夫妻兩人來說始終是個困擾，副作用是老婆都不敢跟老公訴說情緒了，因為老公聽什麼都覺得是在指責他或是嫌棄他，感覺到無法讓老婆開心，然後，原本只是要討拍的人變成了老巫婆。

其實，這段關係中明顯有三個主角合演出這場痛苦萬分且每次重複輪迴的夫妻吵架劇碼，孩子們只是加強角色的呈現，角色說明如下：

王子：

是許多老婆心中對理想老公的渴望，是那位可以拯救自己脫離現實痛苦，掙開情緒枷鎖的拯救者，所以至少得對她所發出的聲音、疑惑或是討拍有回應，最好能成功安撫她每個受傷的情緒。

公主：

是男生心目中對象的理想典型，是被拯救的，是能凸顯自己價值感的存在。在婚前，王子可以表現出如何英勇地救公主，可一旦走入婚姻，若是公主讓王子感到挫敗了，老婆在老公心目中的形象就會一下子從公主變巫婆。

巫婆：

讓王子感到挫敗或是害怕的角色。無關老婆是美是醜，說話大聲還是小聲，其實，重點在讓老公感到挫敗了，在許多老公心裡，便會出現一張巫婆臉，直覺地想逃。

三個角色套用在上述的夫妻吵架劇碼中，老公一個疏忽在中午就把菜吃掉了，於是害怕老婆生氣責怪自己沒留給她，被責怪則會讓他成為沒達成老婆期待的人，受挫的王子角色很討人厭，於是自動把老婆的形象轉化為老巫婆。

而站在老婆的立場，回家發現一起買的菜不見了，疑惑和失望確實存在，但情緒不到生氣的程度，吃掉或丟掉了都還在可接受的範圍，是老公的「堅持不回應」才把她的情緒逼到頂點，且不容表達，因為一表達就坐實了原本被冤枉的巫婆形象——原來真的愛生氣。一個不回應的老公，當然完全無法拯救公主。

其實，三個角色在夫妻關係中都不應真實存在，老巫婆本是想像出的角色，存在於男人受挫的心靈裡；公主期待拯救者的盼望則會讓婚姻中的另一半很疲累；而過於保護自己受挫心情的王子則會失去同理心。

童話畢竟是童話，現實生活中有的恐怕也只是脆弱的王子，和難搞的公主。而「老公怕老婆」和「老婆受折磨」，都是有原因的，觸及深層情緒的，幾乎也都跟「依附需求」有關，老公怕被否定，老婆怕不被回應，於是交織出了無數互相怨懟的夫妻。

可以談性嗎？

身為諮商心理師，常有人問我「性生活的好壞，是否能預測離婚機率？」，古今中外的相關研究由於很難控制變數，所以我比較喜歡回答「不一定」；但是當面對性生活不協調（也就是兩人需求滿足程度並不一致）時，兩個人如何面對與共同處理？這個答案卻往往可以看出他們婚姻的品質。

大部分的老公不想做愛，對老婆說的理由可能是：因為吵架不想做、因為太累不想做，或是一直說下週做卻是一週復一週；但實際的原因可能是體力衰退不想承認、表現不好不想面對，或是喜歡的形式不好開口……。

大部分的老婆不想做愛，對老公說的理由可能是孩子要顧、身體太累，或是家事沒做完等等；但實際的原因可能是因為老公口臭、嫌自己胖了老了，又或是老公做愛的方法不喜歡卻不好提出來，怕對方以為自己欲求不滿或是太過挑惕……。

原先兩人不坦承，以為可以保護自己的尊嚴自信，但是這些理由的不經檢驗及矛盾，反而會造成雙方更大的誤會與心中悶悶的不愉快。

以老公嫌老婆口臭為例好了，雖是實情，但不好意思說，結果老公因此總是會在做愛時倒胃口，所以就跟老婆說心煩時不想親熱，但是老婆終會發現老公在心情好的時候也不想親熱，於是開始擔心甚至懷疑；一再追問之下老公又說是因為太累了，但是終有一天發現老公有力氣卻去跟朋友聚會或是看球賽熬夜了，此時的老婆已經從擔心變為焦慮，時時檢驗老公是否真愛她？這樣的老婆當然讓人心煩，於是老公又會說妳太煩了，所以我不想做……。

反覆欺哄，會讓一個女人變得歇斯底里；太多矛盾，會摧毀一個老婆對伴侶的依靠信任，最後，這兩人可能變得時常吵架，關係無法修復，精疲力盡甚至想到兩人不適合；而根本沒有人想到，起因只是因為口臭。

其實婉轉地坦誠，可以避免很多誤會，有問題可以一起想辦法解決或是找替代方案。特別在夫妻之間，因為不坦誠而編出的種種藉口，以為是維護了關係或是自尊，卻對婚姻的殺傷力特別大，非常划不來。

什麼？你們分房睡?!

夫妻分房是好是壞各有擁護者，先不探討其利與弊，探究主要的原因，大多數是因為照顧小孩的需求，其次是夫妻雙方工作時間不同，例如一方夜班、一方早班，打鼾、說夢話、磨牙等生理上的原因緊跟在後，其他發生率較少的包括：兩人睡眠時間不同、兩人體感溫度不同（一個怕熱要吹冷氣、一個怕冷不喜歡吹冷氣）等等。

不管是什麼原因，夫妻倆討論的時候，建議不要急著就下了分房睡的結論，其實多數原因都有解，只不過需要適應與磨合。就以媽媽為了小孩而分房的原因來說，如果是餵哺母乳，的確在孩子出生的前半年需頻繁餵奶的狀況下，媽媽和寶寶一起睡較佳，這時若討論好要分房睡，就訂個期限，像是六個月後寶寶喝奶的次數較少時就可讓寶寶獨自睡，擔心寶寶的安全可以在寶寶的房間裝監控器，當寶寶發出哭聲或有需要時，夫妻會在自己房裡聽到，可立刻過去照顧孩子，兼顧夫妻同房和孩子的需要。

至於因為工作時間不同怕影響對方睡眠的問題，則可協調分房睡的時間，也就是不要無限期的分房睡，可以在平常上班的日子分房，但到週五、六、日以及其他假日的時後就一起睡，依然可以維持同房親密的感覺。

如果是打鼾、說夢話、磨牙等問題，另一半可先試著適應，因為根據許多醫師的臨床經驗，當你習慣另一半發出的噪音後，聽著打鼾聲更好入睡，沒聽到鼾聲反而睡不著。若還是無法適應，也可買大尺寸的床，雙方各據一方睡比較不會干擾到對方；但如果鼾聲實在太大，也可積極尋求醫師治療，治療好之後就沒有分房睡的問題了。

不論是什麼原因需要分房睡，夫妻雙方都必須先坦誠表達自己的想法、充分考量兩人的需求，以及針對問題該如何協調之後再做最後的決定，畢竟本來就是來自不同背景、個性不同的個體，結婚後需要長時間的磨合期以及一起克服困難的心態才能親密的共同生活。**如果分房的需求只是因為怕麻煩、想快速解決問題，而覺得分房睡是比較簡單的方法的話，我並不鼓勵，這種便宜行事可能比較會影響夫妻間的情感。**

當雙方已經充分討論溝通過分房的原因，也決做了分房睡的決定，建議也要有一些方案來補償夫妻間的親密接觸。尤其，一起睡覺不僅僅只是躺在床上一起睡眠的時間，更因為房間是一個私密兩人世界的空間（家裡有小孩或長輩時，房間更是重要的私密空間），雙方在睡覺前可能是一天中兩人最親密的時刻，這時可以聊聊天、放鬆的溝通、向對方撒撒嬌、互相擁抱、親吻、做愛，肢體的接觸尤其重要。

根據研究，肢體的接觸可以讓體內分泌催產素，催產素可以讓壓力釋放、關係穩定以及讓情緒愉悅，也有研究顯示，催產素與性高潮的出現有關；德國波昂大學更有一項研究發現，催產素可協助已婚男性保持忠貞，讓他們與異性誘惑對象保持距離。

所以分房睡之後，沒有找其他時間補償失去的親密時刻，時間一久，夫妻間的親密感就會漸漸淡了，當親密感逐漸消失，取而代之的就是生疏感，夫妻雙方只剩下爸爸媽媽的角色，而沒有夫與妻的角色，也漸漸不再互訴自己的心情，最嚴重的狀況是不想再和對方說話、放棄彼此的連結。

每對夫妻有自己維持情感溫度和親密關係的方式，這兩個故事中的夫妻，雖然都分房睡，卻仍有良好的情感互動：

例一：維持夫與妻的角色

頤亭和保弘這對夫妻分房的原因是有一歲的寶寶，頤亭覺得需要好好照顧寶寶而提出分房需求。雖然分房睡，但他們夫妻約定好每隔一週要有一天完整的約會，因為剛好保弘的哥哥也有一個同年齡的孩子，兩對夫妻於是每週輪流互相幫忙帶兩個孩子，這樣兩對夫妻都會有完整的兩人共處週末。

這個屬於兩人世界的週末。雙方約定好儘可能不要被朋友邀約或公事打擾，而且這一天不可以用「爸爸、媽媽」稱呼對方，而是要叫老公、老婆或是各自的小名。有時可以安排浪漫的約會，比如看場電影、吃頓大餐或是一起到郊外走走；有時沒有活動就窩在家中看看電視、泡泡茶、親密的聊天與肢體接觸，如果要做愛也可以放鬆的進行。當夫妻維持著親密舉動，擁有私密時間可以互訴心情，即便平日沒有同房，親密的感覺依然可以長久維持。

如果覺得隔週約會一次時間拉太長，平日也可增加每天的十幾分鐘親密時光，比如下班後十五分鐘的沙發時間，兩人坐在一起談個天，聊聊今天各自的心情，也可在睡前來個親密十分鐘，互相說些體貼的話，撒撒嬌，讓對方感覺到愛意，互相擁抱、親吻，保持甜蜜的感覺。

例二：真心坦承、耐挫力高

政傑的工作需輪值晚班，老婆玫芬則屬於淺眠易驚醒的體質，為了更好的睡眠品質，兩人協議分房睡，讓彼此有個好眠。這對夫妻分房的時間很久了，但兩人感情穩定，而且互相很坦誠，有問題一定明白告訴對方不會隱瞞。政傑有輕微的勃起障礙問題，但並沒有對老婆隱瞞而是如實告知，兩個人一起找資訊研究這個問題，而且每隔一陣子就會到對方的房間一起試試做愛；有時會有小孩的干擾被迫中斷，但老婆馬上察覺用擁抱愛撫來讓老公再度興起做愛的興致，輕鬆的一起喝完熱可可後，當晚還是可以有很好的親密關係品質。如果像這對夫妻這般真心坦承、耐挫力高，即便分房睡當然還是可以維持良好的感情。

分房睡性關係還是很重要，不可輕忽，要培養好的性關係，平日可以和另一半多擁抱、親親摸摸，也可找時間互相按摩，不但可讓身體放鬆也可增加肢體接觸的機會，性是夫妻間最直接的互動，有性生活的夫妻，親密感較高，對婚姻滿意度也較高。

其實，聽了這些案例，會理解重點也不是分房不分房，分房睡也不一定代表感情不好，因為**親密關係是需要長期培養與呵護的，不論分房與否，夫妻雙方**

都要花時間好好的與另一半培養感情。所以，夫妻分房和夫妻不做愛都一樣是權宜之計，請千萬別當是一種常態，重點在雙方有無因此而有怨言、不滿足？還有夫妻有沒有其他感覺親密的替代方案？是否任何一個決定都是兩人真心願意的選擇？還是說，有真心話沒說，只是暫時逃避真相的一種方式？

諮商師跟你說

如何判斷分房睡已經影響夫妻感情？

分房睡是否已經影響夫妻感情其實是有一些徵兆可以察覺的，以下幾個情況可以作為一種警覺：

一、今天的心情起落不想跟另一半講，也不想聽另一半講他的心情。

二、夫妻間的親密舉動頻率減少（這個頻率要跟自己以往的頻率比較）。每對夫妻的親密舉動都不同，有的可能喜歡常常擁抱、有的喜歡撫摸對方身體的某個部位或是喜歡說親密的話語等等，如果以往經常做的親密舉動逐漸減少就要注意。

三、做愛的頻率減少（因為每對夫妻的頻率不同，這也需跟自己過往的頻率比較）。不要小看做愛這個問題，經常撰寫有關女性與大眾文化文章的暢銷書作者桑蒂．菲德翰（Saunti Feldhahn），就有有一篇文章提到「性改變一切——性為什麼可以開啟男人的情感之鎖」，她更做過多次調查以及全國性抽樣的訪談，發現關於夫妻相處的一個重要事實：「男人認為他們得到的性不夠多，甚至他們相信那些愛他們的女人似乎不瞭解這是一個危機，不僅危害到男人，更威脅到兩人的關係。」

PART 3

婚姻，有時候會生病

身體有了病痛，我們會看醫生、積極治療，那婚姻呢？

走到這一步，受傷的心靈和破碎的關係你想挽救嗎？還是放棄？

只是好心？

「下雨天，我老公居然把雨傘借給女同事自己淋雨回家！他從來沒幫我送過雨傘耶！」

「我老公那天跟女同事共撐一把小傘，走了好一段路去搭車，這很有事吧。結果我提出內心不舒服，老公竟然說我怎麼這麼心胸狹窄、小器愛計較？」

「上次我老公多年要好的女性朋友來台北玩，我老公居然幫她準備削好洗好的水果帶去給她吃。」

「我生理痛時，老公不聞不問，卻去關心女性同事感冒有沒有吃藥。我問他，他還說那是他的下屬本來就該關心人家啊！」

以上的抱怨，老公和老婆的角色也可能互換，不知道大家的標準會訂在哪邊？你會直覺回答說以上情境是當然不可以！還是說這有什麼關係？

其實，以上狀況完全無法讓任何人來評評理，到最後總會不服氣，就算爭個誰是誰非對婚姻也沒有幫助。所以，這不是是非對錯合理與否的問題。

問題的癥結在於，在某種情境下老婆的感受是不被在乎、不被疼愛、不被重視，於是老婆會跟老公抗議；而看到老婆怒氣沖沖興師問罪的表情，老公則是感受到不被信任、不被肯定、不被支持，而且他只是好心啊，所以面對老婆的抗議，老公的反應可能是嗤之以鼻、不斷解釋，或是反過來攻擊老婆沒愛心、沒良心、沒善心。

這下更糟了，原本已經覺得不被在乎和疼愛的老婆，不但抗議無效還反被責罵，心裡想的是你不顧我的感受，卻為了這個不相干的女人兇我，我的傷更深懷疑更重，於是更加是追根究底，不能善罷甘休；而老公遇到這類狀況，則覺得怎麼解釋也沒有用，老婆真是不可理喻，不理妳了！

於是，面對抗議無效、兇我罵我，最後還不理我的老公，老婆的傷心與怒氣直接破表，更加相信老公與那位異性友人真的不尋常，因為老公竟會為了她這樣對我。一場吵架即將再度展開，難以收拾，甚至吵到連離婚都說出口，也畫下傷痛，這是許多夫妻來求助諮商常遇見的問題。

遇到老婆這一類的抗議，通常的建議是先別說道理，或是說「對方才不會多想」之類不能證明的事情，要先同理，同理老婆的心情，接納老婆的感受，某些行為一定觸碰到老婆不安全的底線了，**去理解老婆的心情是關係中很重要的一刻，不管你認不認同，心情是主觀的。這一刻情緒是真的，道理是假的。**

接著需要表達自己的心情，比如說我被妳冤枉也有些不開心，我更希望能得到妳的信任和了解。

最後才是找共識找方法，若是下一次再遇到類似的情境，妳覺得我該怎麼做才能既不讓妳擔心又不失去我的立場？

其實，跟吃醋有關的事，重點在於你在不在乎對方的感受？如果你的伴侶會很痛苦、不舒服你還會這樣做嗎？在「證明自己是對的」和「另一半會痛苦且會破壞我們的關係」的天秤上作選擇，聰明的你一定知道，不是有沒有曖昧事實或是是非對錯的問題吧！

若你是那位抗議另一半行為曖昧的人，也請記得，引發吵架的有可能是你的伴侶覺得不被你信任和支持了解，並不是為了「外面的那個人」跟你吵架，這樣才不會鬼打牆，讓兩人徒受內傷。

下次，當老公（老婆）說他只是好心的時候，給他看這篇文章吧。

到底要安慰多久才夠？

「就算是我錯了，我也認錯了，妳還一直講，有完沒完啊！得理不饒人！」連昇又生氣又害怕地說。

「你嘴上說對不起，其實根本不懂我傷心的是什麼，連聽都不想聽，只是一直叫我閉嘴！」萱怡又生氣又傷心地說。

以上是夫妻間很常出現的對話，但卻能從家裡吵到諮商室，兩個人在激動下話題繞來繞去，卻是在原地打轉，好一點的氣到面紅耳赤血壓高，激烈一點的氣到口出離婚或是拳打腳踢都可能。

其實，以上的爭吵，起因很可能都是這樣的。

那天他們沒開車出門，連昇鎖定了目標勇往直前去趕公車，卻一時沒想到老婆穿了高跟鞋可能跟不上，遠遠的落在二十公尺後，在車水馬龍中的萱怡大叫他都聽不到……。

這場景之後，萱怡覺得老公都不顧她、沒想到她、心中沒有她，這樣的抗議對她是很深層的，沒那麼容易消化；連昇解釋說他只是想先去看看公車還有多久到站，待會就會回頭看她了，卻似乎不太有用，覺得老婆一點小事就鑽牛角尖，根本是無理取鬧。

還有天，萱怡看老公早餐吃得少匆匆就開車上路，在副駕駛座上好意問說要不要幫你剝個茶葉蛋？正在等待回答時，連昇卻突然某根筋不對，想到自從結婚後連自己決定早餐要吃什麼的自由都沒有，因為怕老婆不開心，所以老婆問要不要吃什麼他都一律回答說要，工作已經很沒自由，回家還要處處受限，一陣火氣上來便罵了出口。萱怡頓時傻眼失措，拉高了分貝抗議，為什麼好意詢問會得到惡意拒絕？不想吃就好好說也不會逼你，為什麼把我的好意扭曲成強迫？這一場爭吵最後也一發不可收拾，因為老婆覺得對關係的善意被曲解，而老公則是壓抑許久之後的火山爆發很難輕易平復。

這些場景都是老婆覺得生氣又傷心，最親近的人為何這樣不顧她或是傷害她；老公覺得又生氣又恐懼，最親近的人很難不生氣，好像動輒得咎，一直抗議一直說的背後彷彿是不能容許他犯一點小錯，生活中充滿妥協、缺少自由。

其實，夫妻相處難免會有疏失或是有意無意的犯錯，大錯小錯不重要，男女認定不相同，但老公往往納悶的是，到底要安慰多久啊？老婆有時候可能是一次講很久、重複講很多遍，或是歸納整理翻舊帳，道歉還不行嗎？不要這樣追打不休不行嗎！

而老婆在受傷後（雖然老公認為根本是皮肉小傷，卻大聲嚷嚷）需要老公安慰，但對方展現出不理解不耐煩不想再說的時候，老婆的傷口就像是被撒了鹽巴般劇痛，愈是要安慰就愈得到相反的反應，所以她才會不斷嘗試，希望直到老公聽懂她有多痛為止。

其實要安慰多久才夠？並沒有一個標準答案，因老婆不同而異，嚴重的連問這個問題本身都會惹怒她；而在此同時，可能溝通了半小時老婆都不覺得老公有半句安慰，是在敷衍辯解或是發怒，不承認她受傷，當然也無法安慰。

紐約時報最受歡迎的專欄作家帕克柏，彙整了全球頂尖科學家有關兩性關係的近百項研究，運用數學模型計算出堅定的婚姻每天至少需要五比一的正負面互動，也就是說：「**夫妻不是不可以吵架，而是愉快的感受要比不愉快的情境多，這樣關係就可以自行修復。**」

老婆們顯然也會同意這一類研究結果，認為老公單單只說聲抱歉是不夠的，因為他犯的每一個錯誤，都需要五個以上溫柔話語、親暱行為，才能重新修復一時失衡的婚姻關係。每一次受傷了、失落了、失寵了、被忽略了，都需要老公透過一再保證補償以及好言暖語的行為表現才能慢慢恢復受創的心靈。

只是，老公們能拉下臉來提供一個，就不錯了，因為此時他的面子問題會出來干擾行為，他要是已經勉為其難的哄了哄妳，妳還不知趣的繼續要求還要至少四個補償……，後果可想而知，免不了一場大吵。

老婆太難接受安慰，是老公最頭疼的；對情感要求的標準太高，會讓他總是無法達到老婆期待，愈感挫敗愈逃避，躲得遠遠的；而她呢，受傷了卻一直得不到夠多的安撫甚至看著老公愈躲愈遠，也就愈發覺得自憐焦慮。

或許是女人對關係在意的天性使然，又或者是對男人有不切實際的期待，這類老婆總是要上演努力維繫婚姻卻適得其反的苦情戲，還以為楚楚可憐的形象會再次獲得老公的垂憐，很不幸的，劇本從不這樣走，況且這齣戲已經過時。

這樣吵架太傷身傷神，所以老公們請千萬記得，挨罵受批當然誰也無法長久忍受，但其實老婆只是受傷需要安慰，不是罵你，她就像看起來強勢的弱小傷兵在哀嚎：老婆們也請記得，若妳是受過傷很難被安慰的人，請勿將安慰大責全然交給老公，他就算需負一半責任，但另一半請妳為自己的情緒負責，畢竟同樣場景不是每個老婆都會生氣，好好負起這一半的責任，才不會壓垮另一個也是易受傷的人。

夫妻本應是一對能力相當的合作夥伴，誰都無法將自己的責任賴在對方身上，不能將自己的快樂構築在對方的努力上，只能彼此扶持互相幫補。一旦有此認知，關係的正向行為自然會漸漸多起來，因為兩人都可以主動創造；而負向互動自然也就容易彌補，因為即便是關係受傷，也僅僅是皮肉之傷，身子挺得住的，沒問題。

孕不孕，有關係

不孕始終是項熱門的新聞話題，其實，不孕的議題在很多夫妻間都存在，只是並非如公眾人物般受人議論。多數人看新聞議論的焦點多是「不孕本身是否能夠構成離婚要件？」，或是「誰對誰錯，誰對不起誰？」，但是站在婚姻諮商的角度來看不孕議題，就有完全不同的角度。

首先，若因為不孕議題發酵而導致離婚，不孕的那一方（假設是女方）會覺得自己終究不被接納，並且老公終究是沒有站在我這一邊。

假設原先已是難受孕的體質，兩人抱著經過調整做人終能成功的信念結合，看似正向的美事一樁，但若最後結果不如預期，感情將大受考驗，因為誰都想被無條件接納，婚姻發展到這地步，兩人若是能夠修正想法放棄生育，可能會有一番新的信任；但若是其中一人想法不能轉變，總覺得遺憾失望，那麼婚姻就可能不保，且分手時還會有極大傷痛，會讓不孕的一方覺得原來之前的感動與美好竟都是泡影，一旦沒有努力「改變成功」，終究還是會被嫌棄、遺棄。

這樣的情境，跟老公有創業夢但時運不濟、小孩生出來有些特殊情況，或是老婆說生育後會當全職媽媽，結果卻陰錯陽差成為鑽石級業務之類的劇本都有幾分類似，都是後來的現實跟原本設想的不一樣，雖非故意，但實在失望，此時雙方是否能夠修正想法？還是無法接受人生的變局，隱隱怪罪對方？就成為維繫婚姻與否的關鍵。

另一方面，不孕還牽涉到來自其他家人的壓力頂不頂得住的問題，部分男方會認為不能不孝、不能放棄傳宗接代，其實每家有本難唸的經，這也無須苛責，只是一開始在找對象時便得自行篩選，不能把自己的期待建立在人家的改變上，更何況不孕治療的主客觀因素太多，並非當事人能一手掌握的。

這就跟要不要跟公婆住？或是婆婆可不可以在晚餐前餵小孩零食等等情境一樣，若是夫妻兩人已經商量達成共識是「不跟公婆住並且孩子飲食要節制」，但事後老公又替自己媽媽說話，希望老婆退讓，即便老公有千般為難，也會讓老婆覺得他是頂不住壓力就往後退，不重視她的意見，並且對於兩人已經達成的共識輕易被推翻，感到非常失望；而另一方面，老公也可能覺得事情不嚴重，是老婆過於堅持，不能體諒他的為難。

歸納以上，雖然每對夫妻的狀況不盡相同，但很多夫妻爭執或是鬧到分手的關鍵，其實都是「不被接納」和「不被體諒」，若是無法一起努力共同面對人生的無常，今天是不孕議題，明天也可以是任何一個其他的因素。

你呢？當婚姻關係中有了問題，你是積極治療，還是忍痛放棄？

「大樹」與「小鳥」的結婚週年

「妳可以容許他有時不要當大樹嗎？」她聽到我這樣問，稍微呆住了一下，之後，臉上的表情從控訴埋怨的氣憤中漸漸化開，眼神中透漏著幾許掙扎與複雜。

還記得那時他們結婚一週年了，婚姻生活卻充滿了緊張刺激，一下子濃情密意，一下子又吵到大打出手，甚至通報家暴中心，好友們都聽膩了他們重複的彼此抱怨。小倆口痛苦時生不如死，往往一夜不能眠，嚴重影響身心、工作與生活。

來作伴侶諮商，是聽從一位朋友的建議，他們抱著姑且試一次的心情，百般無奈地坐在我面前。那一天，剛好是他們的結婚週年。

這是一對金童玉女的組合，男方大她五歲，兩人都有不錯的工作，不過兩人對於對方婚後的表現都很失望，大聲向我控訴自己被騙了。一個抱怨她婚前像小鳥溫柔體貼，婚後卻要求很多；一個卻說他婚前大樹一般百般照顧，婚後卻冷漠忽略。「大樹」與「小鳥」，這個他們在對方眼中的形象，顯然不是他們生活的全部，但兩人都沒發現，他們硬是執著於對方婚後變了。

結婚週年當天的吵架是從一大清早開始的，女方在床上睜開眼便一直等著男方說些特殊節日裡甜蜜的話，等愈久心愈不耐，漸漸地說話也沒好氣；男方見女方情緒不好，則從不知所措到害怕、生氣，埋怨她幹嘛一大早起來臭臉惹人厭，然後這個早上的氣氛就算是毀了，我們的諮商歷程從這樣的起點開始，一共進行了十次，而在以後的日子裡我常常會想起他們。

結婚兩週年的這一天，他們又特意預約了我的諮商時間，專程付費就只是要告訴我他們目前過得不錯，他們看來神清氣爽，彼此眼神對看的次數也多了。

關於大樹和小鳥，是他們首先想告訴我的話題。

「我還是喜歡他當大樹，保護我照顧我；但有時候……我也可以視他為小草，換我保護他照顧他，讓他像孩子一般撒嬌。」女生堅毅中有溫柔地這樣說。

「我也是，還是喜歡小鳥依人的她；不過偶爾把她當作老鷹也不錯，可以讓我安心鬆口氣躺臥在她的懷裡。」男人收起堅強的武裝，輕輕鬆鬆地說著。

現在的他，不用為她的情緒負責，動輒就要跳進去填補那補也補不完的情緒黑洞；現在的她，也不用為他的自尊負責，隨時要小心不觸怒他薄薄的大男人臉皮。他們彼此之間都有了更多彈性，更了解對方，也更了解自己。

我很開心見到他們的轉變，原來除了諮商的幫助外，這一年他們也透過信仰與小組的團體生活，更全面地看見自己，不再只是從親密伴侶的眼中認識片面的自己而患得患失，想得到安慰或是價值感，都有了其他管道。

在我諮商這麼多的夫妻當中，婚姻幸福或是不幸福的關鍵，好像跟兩人的條件無關，倒是跟彼此的依賴是否能達成動態平衡有關。

或許一開始夫妻兩人是大樹與小鳥的組合，一方見多識廣令人崇拜，一方單純善良需要扶持，偶像劇的情節也有很多是這樣的公式，兩人一拍即合，天雷勾動地火，直到婚後才是挑戰的開始，因為，沒有人能夠永遠扮演大樹的角色啊！扮大樹得撐著，要堅強、要茁壯、要頂天立地、遮風避雨，時間一久會累的，也有想當小草的時候。

而且在現實的婚姻生活中，畢竟很少不用工作沒有現實壓力、脾氣又好、又有耐心的白馬王子，他有心要當大樹，很好，仰望他，拍拍手；但妳也須在柔弱的外表下穿上堅強的心，知道他也有軟弱的、好面子的、不擅長溝通的小孩子氣，偶爾角色互換時，可以給他一些時間與空間，為他在風雨中撐開一把傘花。

那天，向他們微笑道別後，我心中感慨萬千。目前陪伴中的幾對伴侶，還有許多走不出大樹與小鳥般對角色的期待與執著，甚至寧願為了單一的角色離開目前的關係，但願他們也都能夠容許小草與老鷹的偶爾出現，讓關係可以鬆一口氣。

可以同甘，卻不能共苦

阿傑每個月都把薪水交給老婆，再由老婆分配與理財，每晚他會負責買便當回家一起吃，再實報實銷，由老婆事後給他錢；兩人原本也相安無事，但是這一天，阿傑卻發火了！

事情是這樣的，因為心念著老婆說天氣熱想吃些清爽的，阿傑這一天特別下班繞路去買網友推薦的海南雞飯便當，還比平時的便當貴了些，結果買回來一吃，兩人發現真是名過其實了，老婆更是嫌棄得根本只吃了一半就想倒掉，問了多少錢後也沒如常拿錢給老公，似乎在表示「這東西太難吃我不想付錢」。這讓阿傑火了，誰想要沒有面子的跟妳要錢？這樣的理財方式是尊重妳、信任妳，妳竟然因為不好吃就不給我錢！每天換著買便當總有失誤的時候，為什麼不能夠一起承擔風險？妳說財產是一體的，但是為什麼在我偶爾失誤的時候卻跟我分割？

同甘不共苦，算什麼夫妻？

同甘不共苦，其實是人性使然，也是我在做夫妻諮商中常常發現的問題癥結，但在關係中，其實能共苦比同甘更為重要。

戀愛時，男女雙方絕對是同甘，一起享受愛情的甜蜜與賀爾蒙的放肆。

婚姻中，開始有甘有苦，能夠認清事實的人就能度過難關，一起勇敢攜手邁向更長久的婚姻與未來；不甘願接受婚姻中有「苦」的人，便開始抱怨對方變了，婚姻酸了，失望了，後悔了，覺得兩人還不如單身好。

更甚者，**當苦比甘多的時候，便是婚姻的挑戰**。有些人，會因為逃避苦、尋求樂，再加上機緣巧合，便發展成為婚外情，這婚外情包括嫖妓、網戀、與同事曖昧等等形式，但無疑都對原本的苦雪上加霜，或能僥倖短暫獲得平衡，但東窗事發後總是更大的苦楚，更深且長。

外遇事件發生後，仍選擇維持關係的夫妻，總會遇到很類似的挑戰。外遇的那一方認為，事情已經發生了，我也道歉了，就不要老是舊事重提、徒增壓力，我們該往前看；發現對方外遇的一方，則傷心欲絕，努力說服自己應該饒恕，但仍有許多疑問待解，且需要一再確認證明對方已經不一樣，重複保證或驗證未來不會再發生這樣可怕的事。

原諒是一回事，傷口癒合又是另一件事，人可以選擇立即原諒，但傷口癒合的速度卻往往不如預期。此時，改邪歸正的一方會覺得對方得理不饒人，被怨被懷疑，永無止境；而有傷口的一方卻無奈地陷入重複驗證、重複發現無法保證的循環，痛苦不已。**當外遇者說，不要提了，我們向前看，對另一方來說就是「把痛苦自己吞下去」的意思，心理過不去，情緒也過不去。**

於是在雙方明明已經決定要復合之後又面對到另一個更大的挑戰，就是被親愛的人傷害而造成了痛苦，但現在這痛苦卻要我一人承擔，你揮揮手說已經改過、重新再來，我就得獨自消化這被背叛的痛苦，而你，選擇與外遇對象同甘，享受過一時的快樂，回頭後卻並沒與我共苦，一起療癒傷口。

當然，並不是外遇者感到痛苦就能解救婚姻，而是當時選擇一時趨樂避苦，暫離婚姻的束縛，已經是拋下另一方的自私行為；當選擇回頭時，就必須做好共同彌補關係傷口的心理建設。

每一對發生外遇夫妻的原因都不同，但能夠經歷此事件後又走回幸福的夫妻卻有一些共同點。那就是外遇者願意同甘共苦，一起面對這個壓力處境，不怕面對過去的不堪，當時未能同甘，至少現在要能共苦；而另一方能夠得理饒人，告訴外遇發生者事後該如何補償、如何陪伴、如何協助共同療癒這顆受傷的心，盡力著眼現在，除了遺憾過去痛苦之外，也得創造日後的甘甜。光是壓抑負面情緒或是逃避壓力情境，是無法解決婚姻問題的。

我們有了第三者

〈外遇〉

比較晚上車的人
坐進比較裡面的位子

——十八歲詩人段戎《粉色瓶裡的黑墨水》詩集

是真的，面對伴侶的外遇，再怎麼鎮定也難以下嚥，一瞬間憤怒傷心失落全都奔流出來，所有的「為什麼？」都會一股腦兒地跑出來，跟所有的狠話、自憐、報復、爭奪等想法同時在腦中大聲競爭。

從沒有人教過我們此時該怎麼辦，因為我們祈禱期待此事一輩子都不要發生，所以跟生死議題一樣，很少人會在關係還好的時候預備；於是，一旦發生，往往會讓人一下子失去理智，而此時造成的後果對自己更不利，真的，好可惜。

就夫妻諮商的經驗而言，就發現有許多人第一時間因為失措，忘記思考這些「發現外遇時絕對該做的事和絕對不要做的事」（以下以男方外遇為例敘述）：

找老公談，不要找小三

因為這是你們夫妻的問題，是老公背叛了妳，或者說在放縱情慾（情感）時忽略了妳的感受，這是他該承擔的破壞關係的責任，當然該「兩人」好好說清楚。若是不敢談或是不忍責罵伴侶，反而去罵小三，是不明智的決定，這代表你們夫妻的溝通可能很早就出了問題或失去平衡。

且小三早知道對象是有婚約的人還盡情投入這段感情，用道德勸說這一招，成功機率不高。

另一方面，直接找小三還要冒一個風險，就是老公知道後，會站在哪一邊？是楚楚可憐被罵被欺負的小三，還是情緒失控破口大罵的妳，貿然行動只會讓自己從被害人變成加害人。

別問外遇細節

很多人發現外遇的情節是從手機通訊軟體的對話開始，所以通常起點就是難以入眼的可怕對話，或曖昧或親熱或關懷或問候，就算只是看了十分之一秒，都會留下難以抹滅的深刻印象。此時勸妳千萬要止住好奇心，感覺不對就直接找伴侶談，不用大張旗鼓追查到底，除非妳是想打離婚官司需要蒐集通姦證據，若只是一時氣憤還想留住關係，就別看了吧！

知道細節又怎樣？只會覺得更痛，在未來修復之路上親手擺上重重障礙，除非妳確定要離婚，否則勸妳不要去看一些忘不掉的事，這些話語、這些畫面都會在妳未來的婚姻生活中啃食妳的幸福，即便修復後也會留下陰影，例如沒有得到和小三相同程度的對待就會生比較心，若得到一樣的待遇亦會想起老公曾對別人這麼做過，這使得獲得幸福的難度變得比之前更高。妳可能會說，這怎會是受害者的責任？這全部的一切都該當是出軌者的錯，沒錯，是他的錯，該受懲罰，但妳如果繼續追查，陪葬的東西太多，多到沒底線。

別隨便找親友幫忙

這種事，若是找自己的朋友訴苦，得慎選朋友的成熟度，因為朋友必須承擔妳的心情壓力陪妳抒發，但又不能衝口而出給建議，畢竟任何建議都是站在朋友自身的立場與個性，不是妳的，所以若是按照朋友的建議做了又後悔，會怪朋友；若是不按他建議的，好像又不夠意思，下次不敢再訴同樣的苦，反倒疏遠了一位朋友。另外，還得擔心朋友保守秘密的能力，若是嘴巴不牢甚或也認識老公因而唸他兩句，後面所引發的後遺症更是收拾不完。

同樣的，找父母長輩評評理也是個大賭注，父母與妳一同罵呢，若是兩人感情復合後，還得處理他們對妳老公的印象；長輩勸妳要忍耐呢，妳又會覺得長輩站在老公這一邊沒有公平正義。

不管是哪一種，都會讓妳更痛苦，而且也等於是將難題丟給親友。所以，除非妳有成熟可信的長輩或是朋友，否則找一位不在妳生活圈的諮商師會安全得多。

深吸一口氣，按照妳自己的個性和意願冷靜想清楚後果

若你們感情原本沒太大問題，相互也還有需要，面對出軌事件更得冷靜處理。有情緒是正常的，但是外遇的那個另一半，永遠無法全然治癒妳的心情，這一點一定得認清，就像出門踩了香蕉皮滑一跤，妳無法叫香蕉皮賠償妳一樣，老公若還想繼續婚姻，勢必要付出一些代價來協助妳一起恢復跌倒的傷口，但是他無法全然賠償妳的心情，若以此為目標，將會很失望，這件事遇上了，除了外遇者的懺悔外，也需要自己的努力。

當然，有時候發現的當下，老公可能正在氣頭上，他未必會懺悔，有位朋友的處理方式很令我敬佩，她發現老公與一女子有曖昧後，立刻約老公出來談，沒有追問也沒有激動，她冷靜地說：相愛容易相處難，你拿跟你每天生活在一起的我跟她比，對我不公平，不如你現在即刻就搬出去跟她住，你若是跟相處過後覺得真的比我好，我成全你們，若是沒有比較好，你就回家來；你若不想立刻搬出去，就跟她斷了聯繫，對大家都好。

結果，她老公選擇與對方斷絕往來。而她，也真的沒有再多加苛責或是過不去，因為她認為人都有可能犯錯，包括她自己，外遇的那一條線要畫在哪裡呢？精神外遇算不算？欣賞一個人又算不算？但是她的原則是第一次給機會，第二次就走人，既不吵也不鬧。

能做到這樣，很羨慕吧！這絕妙方法適用於有自主謀生能力、感情獨立且相信自己的女人，這樣的做法也得「提得起放得下」。

若是你們原本感情就不好，或是他要婚姻、妳不想要了，或是妳要婚姻、他不想要了，狀況就更複雜，解決方案還須視妳的個性、經濟現實及感情依賴程度而定，所以，這事還真沒有標準答案。

總而言之，假若你是外遇當事者，不小心看到這篇文章，那麼我要奉勸你，這世上能做到不吵不鬧還給機會如上述朋友的女性，你碰到的機率大概是千分之一，若伴侶稍微想不開或是完美主義或是自我形象低落就更難修復。在大部分的案例裡，一時的歡快縱意，換來的可能是一輩子或至少幾年的兩人折磨與關係受損，外遇事件比任何大吵衝突都來得難復原幾百倍，這不僅僅是道德性的勸說，而是理智思量後得出的真理，衝動時請衡量你即將失去的值不值得吧！

捨不，就得了！

雨薇的老公為工作的緣故遠居另一城市，日久與同事發展出婚外情，漸漸地，回家次數少了，剛開始她以為純粹是忙碌，所以體貼的並不要求，每回老公一回家還補品燉湯伺候。但畢竟是夫妻多年，她漸漸感到老公回到家的神色不太對，說不出來的生疏與小心，有一次老公洗澡時手機響，她好心地怕是公司有急事，於是便直接拿到浴室給他，結果老公卻嚇得連衣服都沒穿就跑出來一把搶過手機，還生氣的怪老婆碰他手機，這異常舉動再也瞞不住秘密。老婆崩潰，老公坦承，接著是一連串的壓力痛苦與矛盾抉擇。

後來，老公與小三幾經掙扎反覆矛盾分分合合，終於也打破他曾經許下的虛妄甜言，老公選擇放棄外遇回歸家庭，但小三無法接受，哭訴著走不出來，他若不愛我，為何在事情爆發後還是分合多次？一定是對我還有眷戀！又難道我們間發生的一切甜蜜都是假的？我終究不如另一個女人？於是一會兒死纏爛打，一會兒服藥自殺，一會兒威脅公開，只要能挽回男人再看一眼，什麼事都做得出，十分卑微。

雨薇這一邊當然也不好過，犧牲付出換來的結果卻是心碎，原本的信任完全被打破，要怎麼知道老公已經沒有跟小三往來？這中間有那麼多的謊言，而自己一直被蒙在鼓裡，未來還能再相信嗎？每一個打出的電話若是未被接起，都是一次擔心生氣，心想：沒看到的時候，老公都在做什麼呢？為何在事情爆發後還是分合多次？一定是對她還有眷戀！又難道我們婚姻的一切甜蜜都是假的？我終究不如另一個女人？於是一會兒歇斯底里，一會兒逼問追蹤，一會兒威脅公開，苦心給男人深刻教訓，希望能避免再度發生這種恐怖的事，透過不斷驗證要求，撐起自己對未來的一點點信任。

而男人呢？面對外遇故事的最後篇章總是幾近把人逼瘋，兩個女人的歇斯底里會將一個男人撤底毀掉。每天在家只要清醒，便得面對雨薇逼問出軌細節，不講她抓狂，講了也會抓狂，在猶豫疲憊間若是說法有小小出入時，老婆還是會抓狂，家彷彿是不分日夜的審問室。面對犯錯後無法被原諒的沮喪與無法吵架的理虧情境，男人知道要付出代價，但這代價卻彷彿沒有終點，補償也沒有用，出軌陰影的存在將導致一輩子的窩囊，且每次努力都無法再獲得老婆信任，也深感絕望，明明自己已經割捨了另一段，還是無法還原原有幸福的婚姻生活。

一個故事中的三個主角都卡在這齣劇本裡受苦，這是沒有贏家的篇章，劇裡還有一種更幽微的情緒叫做「捨不得」。捨不得是對於失落淡淡的愁悵，但我們往往都演得太誇張了，像歌唱比賽中評審老師常有的評語「情感豐沛，但控制不好」反而無法生出美感讓人感動。我們身處紅塵，無法無欲無求，但憑有欲、有求、有感受，也要有節制。沒有任何理由是可以讓人悲傷憂鬱拖在谷底賴著不爬起，像這個故事中無論是小三、老婆或是老公，無論誰對誰錯，都得學習這人生的功課。

小三得認清事情的結局已定無法回轉，老公得接受他做了傷害關係的事必須努力的付上代價，而老婆也得接受這個已經不完美的婚姻繼續往前走。或許「捨得」是一個很高的理想，難以超脫；但是「捨不」卻是可以努力的目標，接納已經發生的不完美不如預期，什麼時候能夠捨不，就得了！

饒恕，是雙方的責任

對於已經不會在生活中出現的人，饒恕之道無他，就是修身養性盡快遺忘。但若是對方是自己親密的伴侶，恐怕就不是修養這麼簡單而已。

許多來找我協談的伴侶，夫妻之間往往不是不想饒恕，而是受害的一方覺得心理過不去，而犯錯的一方想讓事情趕快過去，一方想趕快遺忘、一方想回到事發原點釐清，然後兩人在拔河過程中反而愈來愈受傷，愈補愈大洞，痊癒遙遙無期；這樣的情況無論是外遇、是背叛、是自私、是說謊還是忽略，只要是讓對方感受到他無法全心倚靠信任伴侶的重大事件都適用。

問題就出在「饒恕，該是誰的責任？」，往往犯錯的一方承認錯誤之後，就想得到對方的無條件饒恕，因為承認本身就需要勇氣和受到責罵，這壓力情境好想趕快過去，甚至有時耐不住性子還會不小心攻擊對方為何得理不饒人，事情都已經發生了，除了大家往前看還能有什麼辦法？有時候也會「見笑轉生氣」，被罵急了回頭攻擊對方；於是讓原本已經很難饒恕的一方更受傷，責罵、埋怨、懊惱、更受傷，周而復始的循環。

夫妻之間的饒恕，走上療癒之路，是雙方的責任。不是非要處罰犯錯的一方，而是得一起面對已經造成的傷痕，才能盡快恢復關係，否則愈逃避只會愈拖愈久，兩人都疲累。

首先，犯錯的一方得耐著性子傾聽伴侶的受傷及感受，絕不能說「我都已經認錯了，你有完沒完啊！」

第二步，是重述一次對方的感受，許多人在這時候最多說「知道了」或是不說話以為是代表反省，其實詳細重述對方感受才表示你真的聽到了、瞭解了。這個過程實踐得愈徹底，愈能減少將來重複被唸的次數，不能抱持一時僥倖的逃避心態，就算不習慣不舒服也得硬著頭皮做，為了那個你已經傷害了的另一方。

接下來，是承認是自己的行為造成對方的痛苦。這樣的句子好比「都是我的自私讓你承受這麼大的痛苦！」、「我知道，你心裡會一直過不去是我真的傷了你的心。」、「不是你不想遺忘，而是我做了這樣的事傷害了我們的感情。」

第四步，是表達懺悔，懺悔的內涵在於用心用情，不是面無表情的說一聲對不起就算了，這樣的句子像是「我真的不應該這樣不顧你的感受！」、「看到你現在這麼痛苦，我真的好後悔」、「現在我知道這樣做真的很不對」等等。

最後，才是雙方一起找出感情的補救之道，注意，是補救而非處罰喔！處罰只會讓兩人更加怨懟，但合作彌補卻能創造另一個合作的契機。比如說，因為外遇事件而讓老婆很難再信任老公，老公可以主動提出與老婆討論階段性的信任加強方案，如每天主動多打幾次電話，每日行程回報，或是增加兩人獨處聊天的時間等等，這裡的種種因應方案是「主動」或「被動」，兩者效果差異很大，若是兩人討論出來的結果，而非犯錯的一方心不甘情不願地接受處罰，對於感情恢復會有更好的效果。

我們都被小時候讀到的勵志故事害了，是誰說華盛頓只要承認是他砍了櫻桃樹就不用受罰，且日後還成為偉人？**在真實的世界中，犯錯的人除了認錯外，更要承擔起責任彌補和努力，饒恕，不會是一方的責任。**

PART 4

愛的反覆練習

伴侶一直在你觸手可及的地方，但為什麼這麼努力了還是不能幸福？

親愛的，因為我們要愛，也要有愛的能力。

「愛」與「愛的能力」是兩回事

「我努力工作讓妳在家當貴婦，還有什麼好挑剔的？」

「我每天頂著高溫費心幫你煮晚餐讓你吃得健康，為什麼不能自愛的不吃垃圾食物？」

「為什麼我只是調了一下冷氣溫度，妳也要生這麼大的氣？」

夫妻間的吵架話語，若單方面只聽一句，往往都覺得有道理，絕對是說的人委屈；但若你知道上述話語的前提，可能判斷就不同了吧！這些話與說出口的情況很可能是這樣的：

同樣優秀的夫妻兩人！為了養育小孩，老婆離職在家，但久而久之老公卻愈來愈有優越感，甚至覺得只要給錢養家，老婆無權再要求別的，於是說出「我努力工作讓妳在家當貴婦，還有什麼好挑剔的？」

就因為聚餐開心多吃了一塊豬腳，他回家被老婆罰一週不准吃肉，嘴饞的他下班買了一袋鹹酥雞被老婆發現，結果鬧到要離婚，只因為老婆想不通「我每天頂著高溫費心幫你煮晚餐讓你吃得健康，為什麼不能自愛的不吃垃圾食物？」

懷孕的她承受著妊娠不適，又怕快感冒了不能服藥，這一天她對剛回家的老公說「我今天不太舒服而且發冷，好怕是感冒耶！」老公卻心不在焉地應著，一邊喊熱一邊隨手將冷氣溫度調低了五度，她氣老公的不在乎，他卻回應說「天氣這麼熱，為什麼我只是調了一下冷氣溫度，妳也要生這麼大的氣？」

這些場景很熟悉對不對？再看看另一家人的週末早晨。

「老公趕快起床了！」

「我想多睡一下啦，陪我一起躺著。」

「吼唷，快起來啦，都八點了還懶在床上！」

「連假日我想睡晚一點也不行嗎！到底懂不懂我平常多辛苦？」

「你幹嘛那麼大聲，而且難道我平常就不辛苦嗎?!」

假日的早晨，一對夫妻在床上掙扎著要不要起床，老婆急著想起床為老公準備一頓假日豐盛早餐，她心中編織了許久在不趕時間下兩人共渡早餐時光的美夢，老公愛吃的食材都買齊了，只要在他刷牙洗臉之後，早餐就能擺上桌，想給他一個驚喜；而老公想的卻是好不容易能夠不趕時間，孩子還在睡覺還可以夫妻獨處，正是賴在床上好好溫存一番的時機。於是，老婆一直說服老公起床，老公卻一直想把老婆留在床上，對方愈是不合作，自己愈是用力說服，最後發現自己的一番愛意竟怎麼樣也得不到對方的配合，兩人惱羞成怒之下大吵。原本，雙方都只是想做一些為關係增溫的事的。

正向的意圖衝突還容易化解，在關係緊張狀態下，兩人強烈堅持的心理需求若是沒有交集，反而容易導致不可收拾的局面。若是上述的那對夫妻因為早上的誤會吵起架來，是不是覺得很不可思議，連出發點是愛的相處都會常有衝突，更何況在只考慮自己利益的角色下溝通合作呢？

在關係中，能看到自己的意圖，是第一步；能看到對方的意圖，是第二步；能夠找到一個能讓自己及對方意圖都不被傷害，甚至雙方意圖被大部分滿足的妥協應變之道，是第三步。能夠做到這三步，才能說具有愛的能力。

而且，你的老婆是你的老婆，不是一個標準化的機器人。你的老公是你的老公，不是一個標準化的機器人。所以別再把你自己喜歡的塞給對方，強迫他買單感激；也別輕看他在意的小事，勉強他不去在意。**愛他，不是給他你喜歡的，而是了解他在意的。**

因為愛就是像是一份禮物，而送禮是一種藝術，送禮送得好，要送到人家心坎兒裡，不僅僅是把自己認為好的禮物送給對方。被愛則像收禮，對於別人給的禮物，要感恩要珍惜，不能因為不是自己心中想望期待，就逕自貶低送禮人的這一份心意。

誰說愛只需順其自然？只要彼此心中有愛就能皆大歡喜？真正的愛，需要有愛的能力，值得一輩子努力學習。

跟老婆搭訕的話題

「你在家都不搭理我，平時不是說工作忙壓力大，就是說放空發呆中『老婆勿擾』，整個人在家就像是套了一層防護罩，連不上線、動不得、也要求不來，久了真的讓我很悶耶。」貝蒂那天稍稍提了這個話題，小小抱怨了一下，結果，這天她正在切菜呢！老公就突然問說：

「妳曬的衣服收了嗎？」

「我等一下去收。」她答。

「妳說妳要去修手機，妳打算什麼時候去？還有，媽的生日禮物買好了嗎？」老公又問。

正在切菜的貝蒂覺得有點煩了，「我還在切菜做飯，為什麼就一直被提醒還有很多事沒做完？讓人感覺壓力有點大。」

若這樣的對話每天都會發生，且是夫妻間唯一的話題，不僅壓力大，還會讓人火大。火大的理由是，在忙碌的生活中已經有太多事情要做，不喜歡一一被提醒還沒做的事；另外，感覺被老公要求或是期待、干涉，總是會不舒服，覺得自己的節奏被打亂。

夫妻間很多事講給外人聽，好像都是小事，別人很難從一小段對話理解全貌，原本要訴苦搞不好還會被訓一頓，像這一類的事就看夫妻關係，還要看有沒有其他背景。

原來貝蒂和老公平時總是缺乏話題，她說話時老公總不專心聽，不是答非所問就是叫她多講幾遍，老公唯一主動會講的話題，就是像剛剛說的那樣，都是問句，且都是問她做了什麼事沒有？雖說是關心或是好意提醒，但聽在老婆的耳朵裡卻是句句壓力，只要老公一開口便有被檢驗的感受，且這些詢問一個接一個地提出，好像自己對老公來說僅僅是工具性的存在。

當然，老公也大喊冤枉，明明是好意，老婆抱怨我不理會她，我就刻意「理她」，問她問題或是提醒，結果又不開心，怎麼這麼難搞？

其實，老公真的只是缺乏跟老婆搭訕的話題；因為即使是在家中，他工作的腦子仍然在轉很多待辦事項。換位思考的極限，便是替老婆想她的代辦事項。

在我遇到的尋求諮商的夫妻中，能夠保持跟婚前一樣，對老婆說的話有熱情與好奇的老公實在不多，雖然老婆跟老公說話的口氣也遠遠不如熱戀期那樣溫柔甜蜜，但對傾聽對方說話的專注度卻遠遠高過老公。

此時，往往就會產生不愉快，老婆怎麼樣都要不到關注、連結與親密；而老公則覺得怎麼樣老婆都不會滿意，不說話不行，開口說話又惹來不開心。

身為老婆，若妳的老公是這一款（除了少數真的對老婆期待過高的男人），請放寬心來，他可能只是找不到話題，不見得是真心要給妳壓力。

身為老公，請記得，不要以為談家事、孩子事以及其他代辦事項，就能增進關係，若你真的只是因為找不到跟老婆搭訕的話題，那麼在家經過她身旁時摟摟她，眼光交錯時微笑一下，都會是好的關係加分。

若行有餘力，在老婆真心想談話時，放下其他事專心聆聽吧！忍住建議與提醒，專心處理她的感受。相信我，這是CP值很高的投資，愈忙的男人愈需要學，若是做得好，保證其他時間老婆不會來煩你，更能包容忍耐你，並且足足能省下好幾倍吵架衝突會花的時間和心力體力。

光靠哄是沒有用的！

她的心已經沒有力氣，傷得趴在地上起不來，好需要他牽一把，好需要他哄一下，表示他還是在乎她的。他哄了一下，她試著抬起腳步。不行，她還得要更多的哄來撫慰自己，來證明他的真心，而不是虛應故事的逃避公式。他說他知道她的辛苦與傷痛，知道自己錯了，只是，她接受安慰需要時間，這樣蜻蜓點水式的說兩句話無法立即結束對話，這只是開啟了溝通的信心，於是她又將更深層的委屈和盤托出。結果換他火了，怎麼哄完還沒有辦法結束對話，於是，翻臉、謾罵，兩人的僵局重來一次。

這樣無限輪迴的爭吵魔咒經常在夫妻之間上演，結果是兩人心裡都委屈，她相信他哄時所說的好話，於是終於可以跟他說說真實感受之類的心裡話，但他不想聽，顯然是對她的否定；而他則覺得，什麼嘛！都已經出言相哄了，她還不能閉嘴，這無疑也是對他的否定。

人在感受到被否定時，往往會突然失去理性地退縮或是生氣，而生氣時就會講出更傷人的話，兩人的吵架輪迴再演一次，這樣彷彿地獄般的魔咒總是無法破解。

她需要的是一段時間來平復受傷的心，需要在他的理解與安慰下慢慢康復；而他則只能提供一句話以表達和好的誠意，時間無法再多給，再要就是無理取鬧。而兩人都還要兼顧工作與家庭，類似的爭吵使得身心不堪負荷。

「但是，光靠哄是沒有用的。」

我此話一出，兩人都有些驚訝。女人永遠想要，而男人永遠覺得太多的這個「哄」字竟然不是萬能？

你們想過「哄」這個字代表什麼意思嗎？

字典上的「哄」字是哄騙哄弄、花言巧語之意，女人妳真的需要嗎？妳想當一個受寵小孩而非獨立成人嗎？因為哄這個字代表他必須得要讓著妳，是感覺上的緩解，並不是講道理對不對；既然是哄，那麼他哄時所說的話事後不能兌現也是可以理解的囉，對嗎？

而男人，面對女人表達關係中感覺上的受傷或是要求再承諾，好像是間接否定了男人，因傷及自尊心而生氣，心中第一時間一律以「她又來了」作為反應，即使勉強哄她，也是認定對方無理取鬧，哄得不甘不願也不到位，敷衍和逃避的哄當然是看得出來的，愈逃避，女人愈緊追，沒有得到真正的理解，就一直要重述。

兩顆受傷的心，於是再也沒辦法彼此提供撫慰。

其實，**在真正的關係中，女人要的是理解，不是哄；男人要的是輕鬆，也不是整日皮繃起來哄人，彷彿永遠無法完成功課、不能受到肯定的小孩**。女人若能常常得到理解，就不會老要人哄，那是受傷到退化成小嬰孩才會有的行為；男人若覺得在關係中輕鬆和遊刃有餘，自然能有信心有彈性傾聽，所以，男人要給女人理解，女人該給男人輕鬆。

說得簡單，但誰先做呢？好問題！兩個都需要被安慰的人，誰先做都會覺得有怨言，且對對方的回應期待過高。最好兩人都不要做，讓在兩性關係中心靈的傷在別處先鬆口氣，包紮一下，不管是朋友、工作、旅遊、信仰都好，只要不是找另一個對象暫代，養足精神再回到關係。

而這段時間的長或短，密度或高或低，每個人的需求與能耐不一，兩人無法統一規定，先受不了回到關係中來的人，就先做吧！先放下期待，歸零開始，過去一切的傷害與欠債重新計算，帶著新的心情與這個熟悉的人再交往看看！

難道努力錯了嗎？

佳佳再努力不過了，或許是真愛，或許是想證明自己可以成功經營一段感情的好強，結婚後的每一分每一秒，只要有空閒就會想到老公振興，光想到還不夠，還要馬上聽到他，或者做些什麼事以增進關係或討好他，這樣的努力化做愛心晚餐、愛的按摩、體貼的秘書行為以及反思如何能讓關係更好，而這些行動大部分時候也都挺討喜，誰會不喜歡這樣的伴侶呢？盡責、善解、不介意多分擔一些工作。

每次吵架後的一整晚佳佳都會失眠，不是生氣，而是想怎樣可以避免下次的吵架，甚至站在振興的立場設身處地的為他想好剛剛發火的理由，然後再想下次兩人分別可以做些什麼來改善狀況，真是完美，不是嗎？

但結局卻總是不完美，振興對她的努力沒有意見，也很難想出比她想得更好的解決之道，於是他只需像鸚鵡般的重複她說的如何如何，一場紛爭即可迅速解凍。只不過，下次他總是無法做到他曾經承諾過的事，激烈爭吵仍無法避免。

佳佳不明白兩人的關係從何時變成這樣一個永不超生的輪迴，**討論↓有結論↓再遇上還是行不通↓再討論↓重新有結論↓遇到狀況時還是做不到**，所以呢？她一直怪振興輕承諾、做不到，有用嗎？永遠挫敗的循環，真令人失望。雖說氣他又沒做到承諾，但更多的失望來自於避免大吵的期望又再次落空，不管中間經歷了多少痛苦，再爬起、想辦法、再相信一次，這再一次又一次的失望，混雜著可能永遠也避免不了的恐懼，他們仍無法成功經營一段關係的事實令人生氣。

她心中吶喊著，難道努力錯了嗎？

這一生，她憑著不錯的資質與外表，只要加上努力，總能達到目標，為什麼獨獨在感情這件事上，彷彿怎麼努力都不成功，她用盡力氣去哭、去喊、去檢討、去努力，可對方卻好像棉花一樣不痛不癢，她多努力一分，並不能換來對方多付出一分，反而像是你進我退似的，對感情更顯消極。

並不是要尊崇男人是獵人、女人是獵物的那一套理論，鼓勵女人要吊男人胃口；事實上在現代社會中男人女人都是獵人，都渴望為得不到的東西努力，但要為了保持現狀而努力卻難上加難，因為努力若不能帶來顯著改變的成就感，就支撐不了這一份動力。人，會找更有成就感的地方努力。

女人屢戰屢敗再接再厲的毅力，非為了維持現狀，她想要更多的肯定與讚美，想要一段沒有爭吵更臻完美的關係，她的罵人其實不是罵，她的高聲是要伴侶聽見。

那麼，到底鼓不鼓勵雙方在關係中努力？

造物者一開始就已經闡明了人生的智慧，人的一生有許多重要的事必須要在積極中有隨意，在努力中放輕鬆，需要付出但又不能強求，就跟人最重要的兩件事：睡覺和大便一樣，有規律與在意是必須的，但是太用力太努力卻又會有反效果。畢竟，大家都有愈想著要趕快睡卻失眠、愈用力卻無法順利排便的經驗吧？

很多人經營愛情，很強求、很努力，將全心放在改善愛情關係上，可能是出於缺乏安全感，也可能純粹是以為愛情這回事也跟所有事業工作一樣，愈努力經營就有愈好的結果。

但實際上，也有許多夫妻就是因為一方過於努力經營，而另一方過於懶散經營，而導致關係衝突。因為，有時候過度努力跟壓力成正比，一直太努力的關係往往也帶給雙方很大的壓力。像佳佳這樣過度努力的女人，讓努力佔據了所有，已經沒有空間留給自己、留給時間、留給標準的鬆動。

其實人生不只僅僅感情這一件事，有的階段忙遊戲，有些階段忙工作，有的階段忙戀愛，有些階段顧小孩，這些生活重心的排比一直是種動態平衡，多半的夫妻都是在這樣的平衡剛好兩人達成一致想結婚時結了婚；而結婚只是一個開始，之後兩人的重心比例可能會往不同的方向發展。

有時候，我們需要停一停腳步，看看當下不怎麼美的風景，跟朋友聊聊天，回家看看父母，埋首工作一會兒，對需要幫助的人伸伸援手，轉換一個場景，再回頭來看這一個剛剛喊卡的鏡頭該如何演下去。

畢竟，**一直留白的關係無須保留，而沒有留白的關係也無法長久。**

況且，人會變，是真的，他會變，她也會變；此時，智慧及堅毅的愛情將是夫妻關係的基石，而非單靠激情浪漫。當面對雙方對感情需求的差異，也需了解，這是強求不來的生命歷程，我今日妥協一點，對方他日也妥協一點，期待兩人下一個情感需求接近的階段。

全速前進，不是最快到達幸福的路。找到兩人的平衡才是。

你真的有理由生氣／傷心

志炫和姿佑這一對年輕夫妻與婆家同住，老公在家族企業中做事，老婆則在家照顧一歲的兒子，老婆白天每天跟公婆、妯娌相處，加上生活習慣完全不同，難免會有不愉快和不舒服，從一早得早起煮稀飯備小菜開始，到晚上不能讓婆婆看見九點後出現在客廳吃泡麵追劇，姿佑一整天都戰戰兢兢。若是遇到小孩教養觀念不同時，更是痛苦難當，既嚥不下教養觀念不受尊重，又深怕一個忍不住語氣不好會惹公婆生氣，唯一的慰藉是等到志炫下班回家，可以找空檔跟他埋怨一番並尋求安慰。

所以好不容易找到空檔時間，又是兩人私下相處時，姿佑便會開始跟老公抱怨，其實說是抱怨，但其實背後是討拍的用意比較多，因為一整天只有這個時刻可以不必再壓抑情緒，期待這個時刻可以從志炫的反應中獲得一些些被安慰、被理解，以及可以繼續忍受的力量。

但另一方面，對每次下班一放鬆就聽到無限抱怨的志炫來說，壓力也很大，老婆的委屈他可以理解，但是面對無法改變的父母和必須同住的現狀，能怎麼辦？有時候替父母說說話，希望能降溫姿佑的火氣；有時候又焦慮是否老婆的意思是不是要搬出去住，可我現在賺的錢不夠我們搬出去租屋啊！想來想去都是煩惱，於是長期下來，姿佑一開始抱怨，志炫就陷入了自己的著急苦惱，沒有多餘的力氣去安慰老婆。在這樣的狀況下，志炫最常對老婆說的話就是「想開一點吧！」，這是目前的現實下能想到的最好辦法了。

只是總得不到姿佑的認同，看起來愈來愈不開心，也對關係愈來愈失望，失望的是她為婚姻付出這麼多包容忍耐犧牲，另一半卻看不見似的只想息事寧人，她為了這個家委屈不開心，這一切卻反倒成了她自己的修行功課一樣。若是老公連她的感受也不在乎，那又何必小心翼翼的體諒老公暫與公婆同住的要求？為了一個不能體會自己辛苦的人，需要繼續付出嗎？

面對類似的狀況題，另一半心情不好且抱怨連連的時候，你呢？最有可能說的安慰話語是下列哪一句？

・我幫你看看怎麼解決。
・想開一點啦！
・你真的有理由生氣／傷心。
・不只是你，我也不好過啊！

若有一份調查，詢問一般人最常對親友說的安慰話語是什麼？「想開一點！」恐怕名列前茅，父親安慰女兒失戀時會說；母親安慰孩子沒考上好學校時會說；安慰朋友在工作場合受到委曲可能會說；因為各種原因造成的遺憾損失，我們也很容易說這句話。

這句話出於善意，但若是關係不夠熟的友人說說也就罷了，通常我們雖沒被安慰到但也明瞭他是好意；但若是我們的伴侶講這句話，很可能會覺得對方根本不瞭解我有多難過、多遺憾或是多痛！

「你真的有理由生氣／傷心。」才是比較好的安慰語言。或許你會想，這樣豈不火上加油？對方已經很生氣或是傷心了，我還提油救火，是不是頭殼壞掉？請放心，不會的，通常這樣說了以後，另一半的情緒強度會稍微降下來，雖然還會繼續說，但至少可以感受到你的同在支持與陪伴，獨苦苦不如眾苦苦，一人悶著的情緒找兩人發洩完之後也會比較好過了。

最怕另一半站在一個道德要求的高度，勸對方說其實某某也沒有惡意，或是你現在也不能做什麼實質的抵抗，所以你只有想開一點接受啊！這樣的說法會讓另一半覺得你沒跟我站在同一邊，且我已經受氣了還被你批評指教，彷彿修養不夠好。

至於情緒發洩過後，往往感覺已經好多了，這時再來談是否這事真需要解決或是採取行動也不遲。

「你跟我站在同一立場」、「你可理解我的感受」、「你不會把我的情緒感

受當成缺點要我改」這些體會與信任，對伴侶之間的感情的正面影響極大。不要因為擔心火上加油或是一時語塞就隨便說出「想開一點喔！」，很多時候，搞不清楚到底為何兩人吵一大架的人，就是因為不知道這句看似無害的話，實際上是把兩人的距離拉開了。

「想開」還是「想辦法」？

「我就跟你說我們溝通有問題，感覺一點都不親密，再這樣下去我快受不了了！」老婆哭著說。

「妳是不知道我現在工作壓力有多大嗎？我們有房貸、車貸、還要付錢讓小孩有人帶，妳還在說什麼溝通、親密，根本是不切實際。」老公急了、氣了，音量也放大了。

兩人這樣大聲加上淚水的對話不知有多少回，讓夫妻都好累、好累，都覺得對方不了解自己、不體貼自己，更不肯定自己。面對這樣的景況，一方努力忍耐，勸自己也勸對方想開一點；一方則是努力在絕境中尋求兩人一起解決問題的共識和辦法。兩人都痛，也覺得對方扯後腿，一邊在埋怨為何對方要鑽牛角尖破壞關係？一邊是生氣對方為何老是掩耳不聽自己面對關係枯萎的呼求？

遇到夫妻間有衝突誤會，或者溝通相處有問題，你贊成趕快溝通講清楚，還是認為時間可以療癒一切？到底該「想開一點」？還是需要「想辦法」？

關於這個問題，我常常在夫妻諮商中被問到，雙方都有道理，卻也都被對方的堅持傷得不輕。

凡舉小孩尿布該買那一牌、加班忘記打電話回家，到過年公婆紅包該包多少，每一個話題都可能成為吵到天翻地覆的導火線，總有一方覺得不被在乎沒有回應，而一方覺得不被信任、不被肯定，若是認真來討論這個話題，便會引發到底該「想開一點」，還是需要「想辦法」的爭論。

按理來說，兩種都有效的方法，對很多人來說也是生命中淬煉出的經驗模式，但偏偏這兩種信念在夫妻中會相互衝突，因為贊成凡事看正面，無須回顧過往不愉快的一方，一定會覺得另一方是得理不饒人無理取鬧；而主張關係一定要講清楚說明白，問題須一起解決的人，卻感到一再被對方拒絕逃避忽略不在意，這樣循環的結果是兩人各自在關係中孤單，覺得只有自己在努力而對方在扯後腿。

重點是，能不能看出對方也在為關係好，只是方法與歸因不同。至於該聽誰的，還真的難有標準答案，除了婚姻諮商外，下文的祈禱詞*或可參考：

「親愛的上帝，請賜給我雅量從容的接受不可改變的事，賜給我勇氣去改變應該改變的事，並賜給我智慧去分辨什麼是可以改變的，什麼是不可以改變的。」

* 神學家尼布爾的無名祈禱文，已被匿名戒酒會與其他的十二步項目正式採用，此為洪蘭《改變：生物精神醫學與心理治療如何有效協助自我成長》一書中的翻譯版本。

愛是恆久忍耐？

一樣的大吵，一樣的狠話滿天飛，晶棻與立青這對夫妻又再度上演八點檔，客廳裡滿屋的抱枕亂飛，嚇壞了的小孩躲在房間，兩人氣到一個臉紅眼紅，一個聲淚俱下，晶棻心中迴盪著老公剛剛吼出的話，心裡傷心透了，如玻璃碎裂了一地。

「跟妳結婚十年就是十年折磨！」

「妳知道我為什麼很少跟妳做愛，就是因為妳一天到晚干涉我控制我！」

「再跟妳相處下去我一定會早死！」

每一句話都像是把刀往心裡鑽啊鑽，痛極了！除了傷心更有疑惑，難道我們的美好時光都不算數？你前幾日才對我說「有妳真好」難道是假的？每日下班趕著做飯，很累了還想著幫你按摩，怎麼全都不算數？

「我也想忍住脾氣，但人的忍耐是有限度的啊！」

立青心中也充滿不平，既沮喪又生氣，想著平日對老婆種種包容，老婆動作慢，害他上班遲到從不抱怨；老婆焦慮時的語氣很糟也努力吞下，怎麼她就是不知收斂，一天到晚生氣，一天到晚埋怨，常常在檢討我或是要求改善關係？身為老公實在是退無可退，忍無可忍了，想著自己平時這麼忍讓，這回被刺激後卻忍耐不住地爆發，實在是很氣！

壓抑的是立青，抱怨的是晶棻，兩人其實都是為了關係好，一個以為壓抑是一種包容一種忍耐，不是很多前輩都說愛就是要忍耐嗎？一個是認為對關係有所不滿，就該提出解決盡量溝通，無論是自己或是對方都是這樣，婚姻才會愈來愈滿意。但每次爆發世紀大吵時，他們都會覺得自己的好意不但沒被收到，還被對方視為大破壞者，心中怨氣便無處消化。

「愛是恆久忍耐，又有恩慈……」這首歌不是常聽到嗎？我想立青也聽過，只是沒注意到歌詞中說的是「恆久」忍耐，而不是忍一陣子後爆發，他深信包容即是愛，所以他用力包容，有不滿盡量不說，可是卻做不到「恆久」忍耐啊！因為他覺得自己已經暗自包容壓抑，為何對方還要得寸進尺？而晶棻在一直不知情的情況下做的事，竟被對方記在帳上這麼久，然後突然以不成比例的怒火爆發，非但不會對立青的包容感激，反而會覺得你不說我怎會知道？在這情況下怪我，真是太冤枉了。

而晶棻也不是故意找碴抱怨，她只是想要解決問題改善關係，若是許多事情對方會不開心，以後就可以避免，她會這樣鬼打牆不斷想溝通，只是想換個新方式，但殊不知打破砂鍋檢討到底的作法，卻讓立青覺得整天被挑毛病，自己對老婆百般包容，卻換來事事計較。同一首歌中的「凡事包容，凡事相信……」說的是「凡事」包容，而非大事包容小事改善，或是大事改善小事包容。凡事包容或許在工作或其他領域是種行得通的解決問題技巧，但在家人之愛中卻顯得有些僵硬沒彈性。

可怕的是，不管是壓抑或是抱怨，對晶棻、立青來說都是展現愛與努力婚姻的證據，亦是堅持的真理，總覺得對方不懂得愛或不懂溝通改善，自己對，而對方錯。

事實上，**「忍耐」與「包容」的確是夫妻間努力的目標，但「恆久」與「凡事」卻都是很高的標準，做到並不容易。**在親密關係中，我們得有自知之明，承認自己還目前做不到恆久忍耐和凡事包容的地方，然後請對方幫自己的忙，夫妻本是關係的合作夥伴，過於信任「壓抑」或是「解決問題」對關係的功效，反而看不見愛了。

好好吵一場架

兩個來自不同成長背景的人共組家庭、親密相處，吵架是難免的，因為只要關係親密、兩個人有很多的交集、有很多時間接觸，就容易碰觸到個人的情緒地雷。

這種情緒地雷在職場上較不容易引爆的原因是，在工作的時候說的話語會精心包裝以及為顧及形象，比較容易壓抑自己的情緒，但回到家中面對自己最親密的伴侶時，一方面原本工作時的警覺狀態鬆懈了，另一方面愈在意的人說的話影響力比同事朋友更大，這時只要碰觸到情緒地雷，最容易一按就爆發。

舉個例來說，當老婆想要要求老公某件事時，出口的話語經常是：你都不幫我買名牌包、你都不帶我去吃法國餐、你都不在睡前抱抱抱我……，剛好老公的情緒地雷是聽不得「你都不」這三個字，老公認為這三個字代表自己被批評、被罵，不會將這話語解讀成「老婆有需要」，因此聽到這話時就用生氣、不開心、臭臉、嗆回去的方式反應，而原本期待老公會滿足其需求的老婆被老公嗆回來，失望之餘也會開罵，兩人唇槍舌劍就吵了起來。

如果同樣一個狀況，老公的情緒地雷不是「你都不」這三個字，老公知道當老婆說出「你都不」這三個字時是提出需求，這時老公回應說：好，我找個時間帶妳去吃法國菜，或明年妳生日的時候買個禮物給妳，老公回應了老婆的需求與期待，兩個人不但不會因為這句話吵架，反而是一種良好的互動溝通。

其實，吵架是表示兩個人還是在乎對方的某種互動，如果兩個人不吵架的原因是生活沒有交集、互相不在意對方，大家各過各的生活，這種不吵架的夫妻雖然避免了衝突，但不代表夫妻之間有親密感，也並非沒有衝突就代表感情好。

無論如何，**吵一門好架，有時候一直避免吵架還重要呢！**所以，架要吵，但有些話是講出去很難善後的，有些話有些動作是不能做的，為了避免吵架後的殺傷力延續而且很難修補，讓關係愈來愈糟，還是有一些禁忌儘量不要碰觸：

不要隨便說「離婚」

生氣時可以說：我很生氣、我非常生氣、我太生氣了，可以表達自己的憤怒情緒，但就是不能脫口而出：離婚。

「我要跟你離婚」這句話很重、是一種遺棄對方的說法，因為**「遺棄」會引發婚姻當中最嚴重的依附焦慮問題**，是最普遍也最容易引爆的情緒地雷，可以說是一踩就爆的超級地雷。

這句話一出口，雙方都會受重傷，對方會為了保護關係、保護自己而失控，口出更多的惡言，這句話造成的創傷很難收場彌補，所以吵架時就算再生氣也千萬不要隨便出口。

除了離婚這句話，跟它一樣具有婚姻殺傷力的話還有：早知道就不要跟你結婚了、早知道就應該對結婚這件事多想想、早知道我們不適合。這些殺傷力超強的話，說出口只會讓事情更糟糕。

不要故意戳對方的罩門

如果知道對方最在意的事，尤其是跟原生家庭有關的事，這屬於對方的罩門，千萬不要故意去戳，吵架時也不要說有關這類的話語。舉個例來說，老婆不喜歡自己媽媽經常歇斯底里的表現，吵架時老公千萬不能說：妳就像妳媽那樣歇斯底里；或是老公的爸爸小時候就拋棄他們另組家庭，當老公忘記老婆交代要做的事，剛好那天老婆情緒不佳就脫口而出：你就像你爸一樣不負責任，這些戳到對方痛點的話語保證會留下嚴重創傷，會讓關係恢復增加難度。

別吵到沸點！

當一言不合想要痛罵對方時，可以先深呼吸幾次或是倒杯水喝緩和一下自己緊繃的情緒，這樣就算吵架也不會一下子就到沸點，只要吵架不達到沸點，言語殺傷力就會降溫些，之後再做修補的動作比較容易達成目標。

不可做對生命有威脅的事

有些人吵架時情緒失控會動手打人、摔東西或是拿尖銳物品揮動，這種舉動會讓對方嚇壞，因為這踩到的每個人都會有的生存本能地雷，也許在做上述這些暴力舉動時，可讓對方暫時閉嘴聽你說話，但這並不能達到溝通的目的，且會在對方心裡留下深刻的恐懼，深刻的恐懼會危害關係，不是吵過就沒事，有可能就此失去對方的心了。而且如果有小孩在一旁目睹這些暴力的舉動，對小孩的傷害以及未來人格的影響很大，家有小孩的夫妻在吵架時更需顧慮到對孩子的影響。

別為了贏而吵架

有些人的個性好勝心強，吵架時也要非贏不可，為了贏得勝利會因為知道對方的弱點而拚命踩踏，強烈的刺激對方，這種為了贏而不擇手段的吵架殺傷力很大，最後贏了吵架，但輸了關係，還是得不償失。

不要拖旁人下水

切記，**夫妻是最小溝通單位**。這句話的意思是，當夫妻倆吵架爭執時，就兩個人吵架即可，儘量不要在他人面前吵架，或將吵架的事跟長輩、手足或朋友告狀，希望透過傳話的方式讓對方符合自己的期待。因為吵架狀態說出的話都會比較誇大，且第三方並不了解吵架的前因後果，會對你們的話語有另一番自己的解讀，甚至對某一方產生某些刻板印象，到最後，夫妻吵完架和好了，但身邊的人獲得的訊息可能沒有更新，無法抹滅自己對其中一人的看法，甚至日後經常將這次自己聽到的印象拿出來說，會造成相處上更複雜的困擾。

避免重複吵同件事情以及冷戰

通常夫妻雙方在一次次的吵架中，經過溝通與理性的談話，應該會一次比一次更清楚對方的情緒地雷是什麼，什麼事什麼話會引起對方激烈的反應，這時就應該避免為同樣的事情、同樣的情緒地雷引起爭吵，因為重複性的吵架不但不是溝通的方式，反而會一次又一次以同樣的方式傷害對方的感情，滿浪費生命的。

有些夫妻會為了避免吵架而用不說話的冷戰方式表達不滿，事實上冷戰也算是一種無聲的吵架。口出惡言是一種攻擊的方式，不說話、不理睬對方也是另一種攻擊的方式，有人認為冷戰比起唇槍舌戰更能調節情緒，所以選擇在對方發怒時來個相應不理，希望對方因此冷靜下來，殊不知這種無言的對待對某些人來說反而是為不滿的情緒加溫，對調節情緒並沒有幫助。

諮商師跟你說

為何夫妻吵架總是口出惡言？

吵架，最怕口出惡言或是說了傷害性過強的話語影響夫妻感情，在談為何吵架總是口出惡言這個問題之前，要先了解何謂「表層情緒」和「深層情緒」。生氣時說出來的氣話、激動的動作都屬於表層情緒，至於深層的情緒則是受傷、羞愧等，因為深層情緒通常是脆弱無助的，人們不習慣將深層情緒表達出來，所以會明明心靈受傷但用口出惡言的方式表達出來，但這種表層情緒發洩的方式並不能宣洩深層情緒，反而會加重深層情緒的傷害。

伴侶間行為反應的目的有兩個，其一是保護自己，其二是保護關係，吵架時罵對方，是希望另一半記清楚下次不要再犯這個錯誤，這時口出惡言是為了讓聽者了解自己有多痛苦，這屬於保護關係；當被罵者辯解說「我沒有、我不是……」，則是要保護自己，也可能也會用口出惡言的方式將對方說得很糟糕，用語言攻擊的方式來保護自己，所以才會經常發生夫妻吵架時你一句惡言我一句惡言，惡言四射互不相讓的情況。

我們，和好可以嗎？

婚姻是長長久久的關係，有高峰也有低谷，在接納與認同彼此的過程中，也不一定每時每刻都是雙方滿意，但就算是爭吵，也應該在風暴過後，重新修補關係。那吵架過後，夫妻兩人該如何合好？

真正的理解要向對方說出來

被踩到地雷而受傷的一方說出自己痛苦的感受，踩地雷的一方再次敘述一遍對方的感受，這可表示真的聽懂對方在說什麼，當踩地雷者真正了解受傷的一方被踩到地雷後的痛苦感受後，可為自己踩到對方地雷這件事表示遺憾或道歉，之後兩個人再共同思考如何在不踩到對方地雷的情況下表達自己真正的意思與感受，如此，不僅吵架後容易和好，也可將吵架當成是溝通的一種方式，吵架卻不傷感情，並可增進彼此的了解。

建立默契，給先和好的一方面子

對於「和好」建立的默契是指，彼此明白當對方做某個動作（比如倒杯水、抱抱對方），或說某句話（比如對不起）時就是代表要和好，這樣在日後發生吵架時比較容易收場。

而此時，就算你還是怒氣未消，和好還有點勉強，也要先勉強自己儘量給先發出和好訊號的一方面子，表示自己也有想和好的心，再坦白地說自己的情緒尚未完全恢復，沒有辦法馬上和好，需要再多一點時間才能恢復。等雙方破冰之後可以恢復談話，但不建議在剛破冰的狀況下就立即分析檢討吵架的原因，因為有的人情緒地雷容易引爆，馬上就分析吵架原因會讓地雷敏感者認為對方又在踩他的地雷，有可能再引爆另一波的吵架。

分享吵架背後的脆弱情緒

建議吵架隔一陣子後可以分享自己吵架當時的深層情緒，告訴伴侶自己當時是什麼心情，是受傷、失望、害怕、為難或是羞愧，當伴侶說出自己生氣吵架的真正原因時，聽的一方理解到對方脆弱、無助的情緒時，容易同理對方的心情，這時，吵架的不愉快就容易被釋懷。

其實，許多夫妻爭吵最後都卡在誰對誰錯，誰該道歉誰該先給台階，但**「對錯」和「公平」觀念在親密關係中一點都不切實際**，因為夫妻雙方最在意的點和最不能忍受的點並不相同，唯有接納對方的特質，盡情了解與盡量配合，才是關係長久之道。**堅持對錯，是最錯的方法。**

情緒是真的，道理是假的

我的瑜珈老師說過一個關於她在泰國旅遊的經驗：

我在一個非常高級的五星級餐廳用餐後，光臨它的五星級洗手間，才進門就看到一個非常美麗的女子剛好從裡面出來，因為出眾的氣質與美麗讓人不免多看兩眼。結果我進去那女子才出來的那間廁所後，頓時被眼前的景象嚇了一跳，馬桶蓋上、地上都灑滿了液體，不知道是水還是什麼別的，這時心頭冒出許多想法，泰國這麼多人妖，她會不會是人妖啊？會不會她上廁所像男生一樣用瞄準的？還是空有一付美麗外表卻沒公德心地蹲在馬桶上進行解放？我在很小心的擦拭並用完後，按了一下抽水馬桶，結果，水頓時衝了出來，噴了一地，這景象跟剛剛一模一樣，原來是馬桶壞了！

我所有一切在腦中冒出的想法，在一分鐘內立刻被證實是假的，除了剛進門看到遍地是水的噁心感是真的以外，其他的所有假設，與假設所帶出來的埋怨都是假的。

《婚姻的法則》一書的作者，在書中也提到他的一個真實經歷：

午後的捷運車廂上，人不算少，但大家都安安靜靜的共享這寧靜的片刻，直到一位父親帶著三個小孩上車，分別從三歲到十歲左右的三個小孩，進來後就沒有好好坐在位置上過，大聲喧囂、奔跑、打鬧，竄來竄去簡直快把車廂翻了，奇怪的是那父親好像沒看到似的，兩眼直視前方地板一動也不動，並沒有出聲制止，他實在看不下去了，覺得這也太沒有公德心了吧！我們的社會就是充滿這樣不管教小孩的父母，才會愈變愈亂，不行！總得有人仗義執言提醒這位不負責任的爸爸。

「先生，你怎麼不管管你的小孩呢？」雖然隔著兩個位置，他還是終於忍不住開口了。

「喔，對不起，我整個失神了。孩子們的媽媽中午剛剛過世，我們從醫院回來，我真的沒辦法集中精神思考。」這位爸爸痛苦地說。

剎時間，他心中一切的責怪都變成了罪惡感與羞愧感，一心現在只能想可以為這位可憐的爸爸做些什麼嗎？但，什麼都不能做，甚至連拍拍他肩膀的安慰都因為隔著兩個位置而無法伸手。

他所有一切在腦中冒出的想法，也在五分鐘內立刻被證實是假的，除了孩子們大吵大鬧帶來的煩躁感是真的以外，其他的所有假設，與假設所帶出來的埋怨都是假的。

這兩個故事，就跟所有在關係中的人們一樣，我們也常常有許多不悅的情緒，這些不舒服的感受都是真的，覺得自己被侵犯了、被傷害了、被誤會了、被不公平對待了，沒有人可以否定這些，不但自己不能否定，別人若用「不會啊！小事情嘛！幹嘛那麼生氣」的態度勸你，你有可能更生氣。

情緒是真的，需要好好正視並處理，但道理可能是假的。往往情緒在真相還沒有掀開之前就先冒出來，因著這樣的負面情緒，我們推理、假設、演繹出一個完整的故事，但只是根據我們被激發的情緒而非全面了解。

最怕關係裡的人都以情緒互動，各自站在認為正確的道理上，全然無法溝通，在一個又一個的更強烈情緒上堆積錯誤的理解，終至無法收拾的局面。

我就經常在與親密關係中吵得不可開交的伴侶談話時發現，爭執點往往是對方說的一句話，對方堅持的一件事，在另一個人的解讀下是完全不同的意思，然後在理性了解之前，就已爆發情緒大戰。

比如說老公習慣說「等等再說」，聽在老婆耳中就直接翻譯成「不重視我！」；又比如說老公的「理性至上」被老婆解釋成「冷漠」，而老婆的「真誠表達」卻被老公詮釋為「無理取鬧」，當彼此的翻譯機功能失調時，往往在還沒有機會解釋或了解對方之前，兩人的「情緒」已經跳出來擋在「愛」的前方相互對峙奮戰，愈戰愈勇愈慘烈，傷害與誤解之地雷不斷引爆，終至兩敗俱傷。

請先同理對方的情緒吧，也接納自己的，因為情緒永遠是真的；也努力練習別太快認定自己的道理是對的，對方是錯的，因為資訊不足而產生的誤會每天、每分、每秒都在發生……。

而吵架的時候，說得多不一定好，語言的弊端往往大於功能，道理再多，還不如一個溫暖的、和解的、什麼是非都不計較的擁抱。

婚姻是一門專業

子陽中年轉業，從小職員做起，每天加班不說，工作上的挫敗感天天加在肩上；曉竹也上班，雖然工作暫時穩定，但為了更高的學歷，週末還要抽空念研究所。兩人有一個兩歲小孩，生病的婆婆也與之同住，於是他們每天下班彷彿要打另一場仗，接小孩、做晚飯、幫小孩洗澡、陪媽媽說說話，此時夫妻兩人可能還得在家加班或是念書，等真正面對面好好坐下來已是連一絲笑容都擠不出的疲累了！

這樣的場景在現代夫妻中已不足為奇，只是情節略為調整而已，幾乎每一對夫妻都忙碌，忙碌就沒時間經營婚姻家庭，沒辦法有彈性，老公要老婆騰出半天時間帶小孩很困難，老婆要老公記得自己的生日也往往失望，兩人每天的壓力加起來彷彿在燜燒鍋裡沸騰，一個不小心就會爆炸。

對方一點也無法再調整改變了，而自己亦已被擠壓到無法再承受多一些壓力，此時往往一個小誤會，就會讓原本單純的情感被磨損耗盡，覺得自己已經為這個家盡心盡力、受盡辛苦，只一點點小小的要求對方也不願做改變，還談什麼在乎和愛？於是不諒解、被誤解、生氣、委屈，就在親密關係中負向循環愈演愈烈，直至雙方再也沒力氣承受而斷然分開，或是掙扎著求助外部資源再試試看，很多人就是在這樣的情況下來接受夫妻諮商的。

面對這樣的夫妻，第一個感受是心疼。兩人不是不愛、不努力啊？何以到今天傷痕累累、心力交瘁、懷疑自己、懷疑婚姻？

有人提倡週末婚，認為在雙方都如此忙碌的情況下不如相隔兩地，週末才一起度過，可能還能維持一點新鮮感，並空出心力來經營關係，我相信倡議者一定是在其中嚐到甜頭，且夫妻兩人都需求一致。其實各種方法都可行，但不能適用於每個人，像是實行週末婚的夫妻，必須要雙方都能夠情感與生活獨立，可以延宕關係上的需求滿足，週二的挫折要等到週六才能真正得到另一半的撫慰（當然啦，網路和電話都可以提供部分輔助，但畢竟無法碰觸與感受）；另外，也不能對好不容易見面一次的週末有太多期待，得失心太重往往是壓力的來源，會使得一點點關係上的不順心就覺得這一週的等待全是白費，更別說萬一對方在假日臨時有別的安排，最後結局可能是週末的時間拿來吵架都不夠。

我曾跟一對同是諮商心理師的夫妻聊天，作為老公的在談話間提到，職場上人人都說他聰明，只除了在老婆面前笨了點，他對自己的諮商專業是有絕對的信心，但恐怕得坦承，對自己的婚姻經營並不專業。

連這麼在意人際關係的諮商心理師都承認自己對婚姻的經營不專業，更何況大多數人？大部分人花了幾年累積知識、技能、職場專業，以至至今日可以拍拍胸脯自信地說出自己是財務專業、工程專業、銷售專業、管理專業、電腦專業，甚至家管專業，但請問，你們花了多少時間學習婚姻經營呢？已經結婚五年的你，在這些年間是順其自然，還是努力學習？是一直堅持理念不肯妥協，還是處處忍讓失去自己？有運用書或網路查詢，或是請教朋友、專家以找出解決之道嗎？自己有在關係中更認識自己嗎？

婚姻需要花心力學習，而生活又如此忙碌，很多人乾脆選擇獨身，這樣才有時間留些給自己，其實我並不反對這樣的選擇。

不過，真正幸福的婚姻也需要有留給自己的時間，在調配兩人婚姻關係的濃度與鹹淡時須兼顧兩人口味，能大部分做自己，卻又可隨時保留彈性調整的空間，在看似不可能中堅持相信一定可以找出兩人都能接受的妥協方法。而且，我們得承認婚姻這門學問，跟其他專業一樣，要下功夫學習或是請教，才有豐富的回報啊！

男人的自尊＝成功的婚姻

有一個網路流傳的故事〈洗手間裡的晚宴〉，故事是這樣說的：

身為單親媽媽的女傭，獨自帶一個四歲的男孩。那天主人要請客，要求女傭說：「今天您能不能辛苦一點晚些回家？」

「當然可以，不過我兒子見不到我會害怕的。」

「那您把他也帶過來吧。」於是女傭急匆匆回家，拉了自己的兒子往主人家趕。

「我們要去哪裡？」兒子問。

「帶你參加一個晚宴。」四歲的兒子並不知道自己的母親是一位傭人。

她不想讓衣衫襤褸的兒子破壞聚會的快樂氣氛，更不想讓兒子知道主人和僕人的區別。後來她把兒子關進了主人的另一個洗手間，她指指洗手間裡的馬桶：「這是單獨幫你準備的房間，這是一個凳子。」

然後她再指指大理石的洗手台，「這是一張桌子。」

她從懷拿出路上買的香腸，放進一個盤子裏說：「現在晚宴開始了。」

男孩在貧困中長大，從沒見過這麼豪華的洗手間，不認識抽水馬桶跟大理石洗手台，他聞著香皂的香氣，幸福得不能自拔。他坐在地上，將盤子放在馬桶蓋上，盯著盤子裡的香腸和麵包，為自己唱起快樂的歌。

「你躲在這幹什麼？」主人順著歌聲找到了洗手間裡的男孩，他問。

「我是來這裏參加晚宴的，現在我正在吃晚餐。」

「你知道你是在什麼地方嗎？」

「我當然知道，這是晚宴主人單獨為我準備的房間。」

「是你媽媽這樣告訴你的吧？」

「是的，其實不用媽媽說，我也知道，晚宴的主人一定會為我準備最好的房間。」

「不過，」男孩指了指盤子裡的香腸，「我希望能有個人陪我吃這些東西。」

主人有些鼻酸，用不著再問，他已經明白了眼前的一切。他回去端了盤子過來洗手間對男孩說：「這麼好的房間，當然不能讓你一個人獨享，我們一起共進晚餐好嗎？」

他讓男孩堅信，洗手間是整棟房子裡最好的房間。後來所有的客人乾脆一起擠到小小的洗手間，替男孩唱起了歌。每個人都很認真，沒有一個人認為這是一場鬧劇。

多年後男孩長大，成為富人，每年都要拿出大筆錢救助窮人，可是他總是默默不公開，有朋友問及理由，他說：「我始終記得許多年前，有一天，有一位富人，有很多人，小心地維繫了一個四歲男孩的自尊。」

這個故事讓我非常感動，我們不是人人有機會當豪宅主人，也不一定是單親媽媽，所以我要把感動縮小在很窄的範圍：**若妳是人妻，可否維繫老公的自尊**

像維繫這個四歲男孩的自尊一樣？在研究許多尋求婚姻諮商的個案後，我驚訝地發現，男人的自尊幾乎跟成功的婚姻畫上等號，不是老婆都得委屈，事事以夫為貴，只要「包裝行銷得宜」，照樣可以兼顧女人的自主與幸福的婚姻。

例如，**在維護老公自尊的前提下，當妳希望老公同意什麼事，辯論絕非最佳之道。**

多年前美國運通公司寫了一封讓人愉快的信給偉恩，告知他可以自選五種雜誌免費看三個月，聽起來似乎是超級好康（即使是不太愛看的雜誌），因此偉恩開心地選了五種，但他不知道將來若不採取行動中止訂閱，就會繼續收到雜誌，並且依照一般標準收費，近十年來他一直持續訂閱那些很少讀的雜誌，他一直想要去終止，但就是沒有動作，不知是他下不了決定放棄每個月坐擁數本雜誌的充實感，還是要取消訂閱的相關手續太過麻煩，總之，他一直推延至今。

以上這個例子就說明，**有時候，改變不能操之過急，先給對方一點甜頭是必要的，往往改變在不知不覺中發生。**

而且，老公的自尊還得要靠老婆說正向的話。打個比方好了，當醫生說「在一百個動過這種手術的病人當中，十個人在五年內去世。」如果你和多數人一樣，可能會被醫生的話嚇到而不想動手術了，你會想「死掉的人還真不少，我可不想成為其中之一。」但人們對醫生說「在一百個動過這種手術的病人當中，有九十人成功活下來。」的反應就和前者大不相同，雖然兩句話的內涵完全一樣。

所以呢，當老公偶爾下班回來說累死了，他渴望的是妳的「秀秀」和對他有信心的說「總會沒問題的，老婆相信你，加油！」，而不是比他還愁眉苦臉擔心地說：「怎麼辦？我看你每天這麼累，身體都搞垮了，要換工作嗎？唉！工作也不好找，要不然不到三個月就會病倒了，到時家裡怎麼辦？唉！」

聰明的老婆們，懂了嗎？

「我變胖了。」

老婆說：「我變胖了。」

相信許多老公都會認同，這是天底下最難回應的一句話。

如果回答：「不會啊！」那麼老婆一定覺得你沒有誠意，睜眼說瞎話，明明就已經重了六公斤，還只想息事寧人的說這種敷衍的話。

如果回說「好像是耶，我也覺得妳最近胖了！」這時老婆的臉色可能大變，試探又看不出喜怒地說：「你是嫌我了是不是？要不是因為你和這個家，我也不會……」

沒反應，老婆會覺得你都不關心不在意她在乎的事；回應太大，接著開始陪她想辦法減肥，老婆會覺得你太在意她的外表，甚至會出現安全感缺乏的症狀。

所以說，當老婆說出這句話時，全天下的男人不可不慎，稍一處理不當便會有巨大後果。

老婆說「我變胖了」，其實涉及到自我形象、自我感覺、自我實踐，加上希望得到安慰，又希望得到肯定接納的多重複雜心理，這時作為老公若是處理得當，能夠為感情加分，並且解救老婆於水深火熱之中。

該怎麼處理呢？難就難在不同的老婆、不同的階段有不同的回應法，沒有標準答案。這考驗了老公對老婆心態及此階段自信心與自尊心的了解程度，妥適的回答必須讓老婆覺得這個老公既接納又了解，既是可以並肩奮鬥的夥伴，又是可以撒嬌耍賴的對象。

所以，首先，要先評估老婆說這話時的心情，最近是否有受到什麼打擊？為什麼會突然說到自己變胖？說這話是一時興起還是壓抑已久？細細傾聽老婆的心情，對於情緒同理，而不是馬上給建議或是表達自己的意見。

接著，一定要尊重並且表達自己的立場，即無條件地接納，「老婆永遠都是我心目中最可愛的女人」、「老婆不同的身材有不同的美」、「雖著年齡漸長我漸漸喜歡比較有肉的女人」，以上幾句話需要搭配噁心程度服用，一下子過量或是與平時行為表現差距太大者，請酌量。

當然，也不排除有的老婆真的是想努力改善而非僅是抱怨，這時，便可以回答：「我是不覺得也不在意妳變胖，但若是妳不喜歡這樣的自己，我可以怎麼幫助妳呢？」然後被動式的配合老婆，千萬別主動地提出許多減肥建議，太積極只會讓老婆覺得你早就在嫌我了，反而好心不會得到好回報。

以上三點回應，需要按次序步驟，**同理↓接納↓討論與配合**，若是先急急忙忙討論或是給建議，後果一定很慘，處理老婆的事與處理公事不一樣，欲速則不達。

最後，要提醒的是，當老婆說出我變胖了這句話時，極有可能是她內心脆弱需要支持之時，失落的心情混雜著年輕不再的惆悵，此時老公的妥適回應將帶給老婆極大的安慰，千萬不可因為這句話難以回答，而轉頭跑去抽菸或是顧左右而言他，逃避的回應才是最可能引燃炸彈的引信啊。

甜言蜜語的公式

儘管老公沒什麼大奸大惡不負責任，但若問每一位老婆對老公滿意的程度，心底多半都還有些怨，你知道是為什麼怨嗎？答案是，因為在婚姻中男人要得少，女人要得多，因為男人跟女人天生的標準就不同，老公對老婆的標準多半很低的，就是可以有性關係、顧家和一些陪伴；而女人呢，要得可多了，要被重視、要被肯定，還最好是身心靈契合。

男性要實的回應，女性要虛的回應；男性只要基本需求被滿足即可，女性卻要抽象的話語動作表達肯定與愛意，這虛實之間，弄得清楚的夫妻不多。

雙方需求天生不同，老公自己並沒有此類需求的，確實很難體會老婆的需求；而老婆拚命努力滿足對方的需求之際，卻往往得不到自己那一份深深渴望的在關係中的回饋，實在鬱卒。況且，男人天生與後天受教就是比較獨立，偶爾喜歡有自己的空間，沒事一個人發呆看電視都好，婚姻或是老婆只是生活重心的一部分；一般來說，女人則不管再事業成功都渴望一份令人滿意的關係，不管自己再忙，總還是願意投資時間心力在經營關係，在關係上的投資與回報不成比例，也是女性常有怨言的原因。

我就遇過一位聰明老婆，在怨氣沖天很久之後，終於想通了能夠滿足自己，老公也比較容易做到的好方法。以前她總埋怨老公想抽菸的時候比想老婆的時間與頻率多很多，彷彿香菸是正宮，自己是小三，遇到自己需要老公回應的重要時刻，老公總是不敵香菸的誘惑先處理癮頭，再顧到老婆；但後來她想通了，順著老公的習慣搭香菸的便車，跟老公商量每當他抽菸的時候，就順便想一想如何讓老婆開心一下，對關係有所投資，這一點老公覺得可行，決定盡量試試。

但是要做什麼呢？他怎麼知道老婆要聽什麼話會開心？一時之間要從嘴巴裡

蹦出什麼話呢？這一點聰明老婆也預備好公式，對於務實的男人不能給予抽象期待，一定要用簡單公式當作指令，要師夷之長技以治夷，用男性聽得懂的「實」來換取自己所期待的「虛」。

江湖一點訣，說破就不值錢，其實公式只需要三句話：

第一：針對老婆今天的某一項好行為，具體的描述。例如：老婆今天早上在自己上班快遲到之際還幫忙換了廁所衛生紙。

第二：肯定對方的動機。例如：老婆一定是怕老公上廁所沒衛生紙用，所以才去換的，一定是因為愛老公的緣故。

第三：表達自己的感受。例如：老婆的貼心，讓我有家的感受。

這三句話的公式，說穿了就是**描述**、**動機**、**感受**，相信很多人都可以學會的！不過，學會之後，要好好應用在武林正派（固定的伴侶關係），不要走火入魔地運用在邪教（甜言蜜語妖言惑眾地欺騙別人感情），當然發揚光大運用在職場領導或是子女管教，也能收事半功倍之效。

諮商師跟你說

沒事沒事 pk. 不怕不怕

甜言蜜語有公式，那如果老婆的心情不好，需要另一半安撫時，也有公式嗎？

大部分的人，在擔心未來會發生什麼超乎預期的事時，希望聽到的是「不怕！不怕！」，且有人可以提出可以不用怕的理由；而在很懊惱後悔做錯了一件事時，希望聽到的是「沒事！沒事！」，並且說出真的沒什麼大不了的原因。

所以，最簡單的方法是，老婆懊惱過去的事情時說沒事，她擔心未來時說不怕，這公式背下來就好了嗎？錯！

先試著來拆解這個惱人的用字落差，其實不僅僅是中文的咬文嚼字，說「沒事！沒事！」和「不怕！不怕！」的背後，有很不同的安撫脈絡，也考驗著對另一半的了解程度，或許說者無意但聽者有心，「沒事！沒事！」對某些人來說是被否定了問題的嚴重性及感受性，硬是要期待安慰的人吞下自己的焦慮煩惱擔心假裝無事，簡單來說就是被「句點」了，即便原本是好意，但很可能達不到安撫心情的效果。

就跟對嬰兒說「不哭，不哭」一樣，其實若不是安撫者配上溫柔的聲音，加上抱抱搖搖拍拍，外加檢查尿布濕了沒？肚子餓了沒？發燒了沒？嬰兒有可能聽懂這一句「不哭」背後的安撫含意嗎？僅僅被告知不要哭，會有被愛的感受嗎？

所以除了要配合安撫的音調、肢體、姿態外，成人比嬰兒要求的更多，因為老婆期待老公在多年相處下要有了解她的默契。

因此，最重要的第一步，是要判斷女人此刻心情是懊惱過去，還是擔心未來？這一點就不簡單，因為女人的說話習慣常是繞圈圈或像樹枝伸展枝枒一般不直線前進，通過述說也才了解自己真正的心情，所以她不會告訴你關鍵字是懊惱或是擔心。

再者，就算抓對了關鍵字，但只說「沒事！沒事！」或「不怕！不怕！」還不夠，還需列舉出足以說服她的理由，在一連串嘗試失敗或被打槍的挫折中前進，直到找到足以說服她自己放寬心的理由或是補救方案、解決之道，才算完成任務。

越過這重重槍林彈雨，足以展現男人為女人勇往直前不屈不撓的決心，然後老公的誠意與參與便可以與「在乎」畫上等號，在她心裡最脆弱之際同舟共濟，可以換來一週的甜蜜或一個月暫時不嘮叨，撐一下還算是划算的吧！

別做婆媳的和事佬

俗話說得好，廚房總是太小，容不下兩個女人，而這兩個女人指的正是婆婆和媳婦。

隨著雙薪小家庭買房不易又有托育需求的趨勢，近年夫妻跟父母同住的比例高了起來，為了經濟也只好犧牲獨立，畢竟自己搬出去可能得屈就更差的生活品質並且存不到錢。

但婆媳同住，這故事可就精彩了。

像是政宇的媽媽就是如此，麗華姨很疼媳婦，早就言明在先，年輕人工作忙，家事不用政宇的老婆嘉樺操心，她煮飯大家回來吃便是，她心想，這樣百般的為小倆口好，媳婦該心懷感激才是；結果不料，從生熟食砧板忘記換、到雞骨豬骨熬湯被說是賀爾蒙過多、飯菜太鹹太油不該放味素，麗華姨做什麼事都可以被唸被嫌，雖然語氣已經經過修飾，但做婆婆的總會想：我做牛做馬讓你們享福還要常常被嫌棄，心裡就愈發的苦和怨了，這苦和怨早晚有一天會讓兒子知道。

而嘉樺也不見得好過，雖然不用做家事，但洗碗洗衣等其他家務總是要加減做，在自家還可以跟媽媽撒嬌說想吃什麼、不想吃什麼，但在婆婆家還是多多保守忍耐以大局為重，所有的飲食習慣都不能作主的無奈與不受尊重，早晚有一天會讓老公知道。

這時被夾在兩個女人中間的老公該怎麼辦呢？說媽好，媳婦不依；替媳婦說話嘛，老媽又一把鼻涕一把眼淚。到最後，許多身為老公和兒子的男士便理所當然的選擇了在公司加班，反正眼不見為淨，回家就說累到趴，在外打拼不容易，能逃就逃，離家中女人的風暴遠遠的……。

但是，這樣逃避也不是辦法，日子久了還是會出事，少不了還是要叫政宇來評評理，而他一站出來，好像說什麼都不對。

不管是檯面上檯面下，婆婆和媳婦總不知不覺地在每一件小事、大事上比較兒子（老公）到底有沒有站在自己這一邊；若是住在一起，再加上孩子的教養問題，將使得婆媳之戰更加嚴重。

在婚姻諮商的工作中常常發現，有許多可憐的老公在媽媽和老婆之間常常感到壓力大到喘不過氣，若是一家住在一起，更是下班如戰場，妳一言我一語搞到幾乎想進墳場。此時，老公常有一個世紀大問號及大挫敗，就是：我已經常常在作和事佬，總是努力在她們面前說對方好話，為什麼還總是解不開兩個女人的心結？

這樣的和事佬當然讓事情愈解愈糾結，怎麼說呢？兩個女人爭的不就是男主角的認同和看重嗎？若男人以為用力說對方的好話可以讓她們削減敵意就大錯特錯了！這只會讓對方認為你是站在另一方的立場，都不瞭解自己的委屈和犧牲，反倒一直幫對方說話，心裡更是不舒服。

最好的方式是媽媽跟你抱怨，就同理媽媽委屈了；老婆跟你抱怨，就同理老婆辛苦了，不用幫著罵對方，但至少可以舒緩她們的情緒，感謝她們為了你願意犧牲付出，你看在眼裡很是感動，這招對媽媽和老婆都有用。

我也建議男人間該好好聊聊這個話題的，家和萬事興，這比工作升遷還重要。**其實有許多婆媳相處和睦的例子啊，靠的都是男人這個擔任兒子與老公角色的智慧。**

老王就說，平日都是他媽媽煮菜，所以假日時他會偷偷塞錢給老婆，叫老婆請媽媽到外面餐館吃飯，說是慰勞母親的辛勞；小李說，老婆對於三餐烹調上的意見，都會輾轉地由他嘴巴裡向媽說出，因為對於兒子的喜好口味，媽媽比較甘心樂意改變；大華說，他們家則是一週有一天由媳婦按照奧利佛三十分鐘上菜的食譜煮上一頓西式食物，而他也會幫忙（順便增進夫妻感情），這樣若不好吃，還可以由這個兒子完全承擔責任，其他幾天的晚餐則由母親全權做主，累了不做買便當也行。

他們對於家中男人要肩負起的責任一肩扛起，腦力激盪想個讓兩個女人都能接受的方法，而且他們深知這個「築巢」的工作需要十年以上竭盡心思來完成，人類的巢要有好的氣氛，比鳥巢還難建立。

一屋當然可以容得下二女，端看這屋的這個男人有沒有承擔起「築巢」的責任。

諮商師跟你說

給老公的婆媳相處教戰三守則

首先，在處理婆媳問題時，夫妻關係必須是「最小核心單位」，意即若你即便要幫媽媽爭取權益，也得在夫妻關係中先商量好，和老婆一起討論，以兩人可接受的方式孝順媽媽。若是反其道而行，先跟媽媽商量再跟妻子說，絕對是吃力不討好，會讓嫁進來的老婆感受到自己仍是外人，老公仍跟媽媽親，跟自己不親。處理婆媳關係的過程次序絕不可亂，先老婆再媽媽，內容反倒好商量。舉出幾個常見的絕不能做之事，給天下可憐的老公們參考：

一、絕不可將已跟老婆商量好的事任意推翻。例如已經約好看電影，但卻因為婆婆希望載她去拜拜而沒跟老婆討論就改期。片面推翻夫妻共識是大忌！千萬不要覺得是小事而馬馬虎虎，這涉及到威脅最小核心單位，再小的事也可能成為導火線。商量好的事萬一有變數，一定要回到夫妻關係中商量，務必不可自行更動決議。

二、絕對不能認為都是一家人，夫妻吵架也不特別避諱。媳婦再怎麼親仍是嫁進來的新成員，親戚關係是建立在兒子娶了她的姻親關係上，不是從小看到大的血親，總是會有看不習慣或是誤會的地方，況且老媽聽到兒子被罵心中總是不平。所以老婆的面子，老公有義務要顧到，若這一層美化的薄紗打破了，日後將更難請老婆配合，在家人面前形成的負面印象也很難再扭轉。

三、明明要問老婆意見，卻在母親聽得見的地方商量，讓老婆不便充分表達自己意見是大忌。舉例來說，婆婆說懶得動，請他們夫妻出外吃飯後外帶些食物給她就行了，老公在大家面前問老婆想吃什麼？老婆回說肉圓，老公說肉圓媽吃了不好消化；老婆再提拉麵，老公說拉麵不方便外帶，你想，老婆會放心地繼續堅持要吃拉麵或肉圓嗎？這一切都在婆婆聽得到的前提下喔！正確作法是，私下跟老婆商量吃什麼，關於婆婆要吃的東西可以再換一家買回來嘛！不能因為婆婆的喜好而否決了老婆的所有選擇，更何況是在半公開場合讓老婆左右為難。

愛是適時展現脆弱

你知道嗎？童話中的王子形象把很多男性害慘了，現實生活的長途跋涉中，男性有時也會脆弱，也常自卑，更會有體力不濟腰酸背痛的時候，但男人的框架卻還讓他們撐在馬上歪歪斜斜搖搖欲墜，跟老婆說：「我可以的，妳不要懷疑我！」，萬一老婆出現擔心的眼神或是懷疑的眼光，往往更加惱羞成怒，為了挽救搖搖欲墜的自尊，甚至不惜將最後一滴體力用在與老婆爭辯上。

自卑的人，最常用的兩招就是「粉飾太平」和「怪罪他人」，第一招是試圖說服對方跟自己一起假裝沒事，第二招是借力使力轉移焦點，不管什麼招，全都是為了讓自己不必面對真實脆弱的手段。但這樣的方式在親密關係中，往往會使得自己疲累不堪，而對方抱怨連連，既未達到目的，還引發更多爭端，老公想說我已經這麼努力撐著堅強的形象妳還不滿意，當然會抗議！

在布芮尼．布朗博士的自卑研究中，女性的自卑來自於對於外型及社會對於角色期待的壓力；而男性的自卑往往出現在每一個會感到恐懼、害怕、失敗、脆弱的情境，凡是遇到上述任何一個情境，男性的自卑警報器便會啟動，接著為了救火，會情急之下不擇手段，以脫離自卑的感受。

在夫妻生活中常見的例子很多，比如說老公工作上有危機不想跟老婆說，寧願自己擔著煩著悶著，可能一個不小心就會在老婆搶購週年慶化妝品時觸發財務焦慮，接著大吵一番又無法坦承其實是擔心生計；另一方老婆收到的就是老公小氣、賭氣、愛生氣，為了一點小事就發飆，是不愛我、不在乎我，因為從頭到尾老公都沒讓她知道有工作危機！

再比如說，老公非常害怕面對處理婆媳關係，也怕說出真話會惹老婆不高興，比如說老媽（婆婆）祭祖的日子遇上老婆生日，只能二選一時，還記得我們剛剛提到害怕情境會觸動警報器導致不擇手段（愚笨的手段）嗎？這時可能的發展是老公會跟老婆說：「抱歉我忘記了妳生日，所以答應老媽了。」或是「妳怎麼這麼不能變通，我們提前一天慶祝生日就可以了嘛！」

瞧！無論是粉飾太平，或是怪罪他人，這兩個方式都免不了要惹老婆又氣又傷吧！逼得老婆更決斷要老公二選一，於是到最後老公兩面不是人，這慘痛的經驗還會強化他下一次面對類似情境的害怕，繼續採取愚笨的手段。

其實，老公總討厭老婆像媽媽一般會責罵自己，但卻忘了老婆也會像母親一樣包容你的脆弱，只需坦承以告，或許換來暫時的不悅，老婆叨叨唸唸還是會幫你、接納你、愛你；總比粉飾太平或是怪罪對方，讓老婆氣到內傷又覺得和你有距離感要好得太多。

愛的真實意義，應該是讓你們彼此都能戰勝脆弱的。

感謝

會投入婚姻諮商，人生倒帶回看起來應有兩個伏筆：

第一個是二〇〇七年，在前途茫然之際曾到張德芬北京的家住過，當時的我正值工作與感情的空窗期，只覺得德芬既溫暖又犀利，當時還說要幫忙介紹對象，這趟旅行讓我對心靈導師相關行業起了心、動了念。

第二個是二〇一二年，我和老公準備結婚，兩人雖都是心理諮商相關背景，但我們仍慎重地請信友堂的謝牧師為我們進行了一系列婚前輔導，這又哭又笑又氣的輔導過程讓我們不得不承認當局者迷，即便是諮商師自己也往往要借助專業第三者的協助，才能發現關係問題的盲點。

當然，自己的感情之路也並非一路順遂，能撐過來並且成為助人者，要謝謝父母家人的包容，慈慧督導近十年的支持與教導，某位義務張老師為我提供的系列面談輔導，多年來被我任性要求免費感情諮詢的老哥，常常為我代禱的姊妹和多年好友始終如一的陪伴。

在夫妻諮商專業上，劉婷老師絕對是我的貴人，第一次看老師的現場諮商就被震攝，讓我決心要在EFT（情緒取向婚姻諮商）上努力，在督導們的幫助和同儕的加油下漸漸成熟。劉婷老師的諄諄教誨、愛護和陪我找卡關問題的用心；明慧一直沒放棄我，不厭其煩地跟我討論認證不順的癥結；君楓在高雄初階任助教時，言辭精確與明快給我好大的震撼；元瑾在我第一次當進階助教不知所措時既信任又適時支援我的引導；詩婷在技巧班助教合作時對緊張的我多所包容耐心引導；還有可欣在高鐵上量身訂做給我的十六字箴言，以彌補我記憶力不佳及很難打斷的限制；明芳和淑敬對我加油打氣和秘訣傳授更讓我感動不已。

上一段感謝詞原本要在拿到EFT認證時說的，但沒想到認證卡關多年卻先出了書。出書，除了希望對困擾痛苦中的夫妻有所助益外，也激勵自己再接再厲，伴侶諮商學習之路還很長呢！加油，一定還要更好，畢竟是擔任人家婚姻觸礁時的擺渡人啊！

最後我要謝謝每一對曾經信任我、找我諮商的伴侶，若非你們願意將自己婚姻中最隱私最痛苦的一面攤開來尋求解決，我也不會有機會參與在其中，一起經歷一起探索並且整理這些文字篇章。

謝謝粉絲頁小編、美編及出版社編輯雅筑的鼓勵、包容與協助，才能整理成書。

謝謝我的靈感男神老公讓我在每次吵架後就誕生一篇文章的貢獻。

高寶書版集團
gobooks.com.tw

新視野 New Window 184
已婚是種病？：為什麼老婆老是講不停，老公總是講不聽

作　　者　馬度芸
主　　編　楊雅筑
內頁排版　趙小芳
封面設計　黃馨儀
企　　畫　何嘉雯

發 行 人　朱凱蕾
出　　版　英屬維京群島商高寶國際有限公司台灣分公司
　　　　　Global Group Holdings, Ltd.
地　　址　台北市內湖區洲子街 88 號 3 樓
網　　址　gobooks.com.tw
電　　話　(02) 27992788
電　　郵　readers@gobooks.com.tw（讀者服務部）
　　　　　pr@gobooks.com.tw（公關諮詢部）
傳　　真　出版部　(02) 27990909　行銷部 (02) 27993088
郵政劃撥　19394552
戶　　名　英屬維京群島商高寶國際有限公司台灣分公司
發　　行　英屬維京群島商高寶國際有限公司台灣分公司
初版日期　2019 年 03 月

國家圖書館出版品預行編目（CIP）資料

已婚是種病？：為什麼老婆老是講不停，老公總是講不聽 / 馬度芸著. -- 初版. -- 臺北市：高寶國際出版：高寶國際發行，2019.03
　面；　公分. -- (新視野 184)

ISBN 978-986-361-647-4 (平裝)

1. 婚姻　2. 兩性關係

544.3　　108001444

GOBOOKS
& SITAK
GROUP ©